W0071235

DIANA
VERLAG

Nancy Winters

Die Eroberung des Himmels

DAS LEBEN DES FLUGPIONIERS
ALBERTO SANTOS-DUMONT

Aus dem Englischen
von Leo Strohm

Diana Verlag
München Zürich

Titel der Originalausgabe: Man Flies.
The Story of Alberto Santos-Dumont. Master of the Balloon
Originalverlag: Bloomsbury, London

Copyright © 1997 by Nancy Winters
Copyright © 1999 der deutschsprachigen Ausgabe by
Diana Verlag AG, München und Zürich
Umschlaggestaltung: Hauptmann und Kampa
Werbeagentur, CH-Zug
Satz: Filmsatz Schröter GmbH, München
Druck und Bindung: Franz Spiegel Buch, Ulm
Printed in Germany

Die Verwertung des Textes, auch auszugsweise,
ist ohne Zustimmung des Verlags urheber-
rechtswidrig und strafbar

ISBN 3-8284-5020-2

Für den »Kleinen Santos«
com saudades
und für Condor & Condor,
die mich das Fliegen
lehrten.

»Ich bin ein Lehrling im
métier de l'oiseau.«

Inhalt

Vorbemerkung

Diese Geschichte handelt nicht von der Luftfahrt, ja nicht einmal von der Ballonfahrt. Sie handelt vielmehr von einem kleinen, mutigen, hartnäckigen, eleganten und letztendlich auch tragischen Mann. Sie handelt eher von Träumen als von der Wissenschaft. Für mich hat sie mit einer Armbanduhr von Cartier begonnen. Die Extravaganz der achtziger Jahre hatte ihren Höhepunkt erreicht, und ich verdiente mein Geld als ehrgeizige Reisejournalistin. Die Quarzuhr, die ich mir gegönnt hatte (»läuft ein Leben lang – garantiert«), war nach wenigen Stunden stehengeblieben.

»Auf wessen Leben bezieht sich die Garantie?« fragte ich Bill San Filippo, den Verkäufer bei Cartier New York, bei dem ich schon einen Füller gekauft hatte.

»Nun«, sagte er besänftigend, »mit diesem Exemplar stimmt wohl etwas nicht. Nehmen Sie einfach ein anderes.« Bei Cartier hat der Kunde grundsätzlich recht, und ich glaube, er wollte mit mir noch größere Geschäfte machen.

Leider gab auch die Ersatzuhr nach wenigen Stunden ihren Geist auf. Damals wußten nur wenige, daß Quarzuhren bei bestimmten Menschen so reagieren.

»Ich verstehe das nicht«, sagte Bill, dem das Ganze mittler-

*s'il fallait monter dans les nues pour boire
de la Bénédictine, il y a longtemps que le problème
de la locomotion aérienne serait resolu.*
A. Santos-Dumont

weile äußerst peinlich war. Er bot mir ein weiteres Ersatzexemplar an, das er persönlich 24 Stunden lang beobachten wollte.

Ich war gerade vom Segelfliegen aus Island zurückgekehrt (ein schreckliches Erlebnis) und packte schon wieder die Koffer für eine ähnliche Tour, was ihn wohl — fälschlicherweise — glauben ließ, ich sei eine reiche Exzentrikerin. »Bekomme ich denn gar kein Leihmodell?« stichelte ich. »So wie in der Werkstatt, wenn man seinen Sportwagen reparieren läßt?«

Sein Zögern dauerte nur einen Wimpernschlag. Dann reichte er mir, ohne eine Quittung zu verlangen, etwas, was mich vom ersten Moment an mit Freude erfüllte: eine Santos Sport. Ich liebte ihre Wölbung, ihre gedrungene Form, die Beschichtung des Gehäuses, die kleinen Schrauben und die Verbindung aus Stahl und Gold. Mit ihr am Handgelenk fühlte ich mich beschwingt, ohne genau zu wissen, warum (siehe S. 135). Und seit jenem Tag habe ich sie kaum einmal abgenommen.

In den nächsten sechs oder sieben Jahre entwickelte sich aus dieser Lappalie durch eine ganze Reihe von Zufällen eine recht ernsthafte Angelegenheit. Meine Uhr, das wußte ich, war nach einem Luftfahrtpionier namens Alberto Santos-Dumont benannt, aber ich hatte dieser Tatsache nicht weiter Aufmerksamkeit geschenkt. Verschiedene Aufträge führten mich mehrmals nach Brasilien, wo ich meine Uhr, noch immer eher aus Spaß, unbedingt neben dem Denkmal ihres Namensgebers auf dem Santos-Dumont-Flughafen in Rio de Janeiro fotografieren lassen wollte. In São Paulo zeigte man mir das Museu da Aeronautica in Ibirepuera, wo ich mir – schon etwas ernsthafter – die Santos-Dumont-Ausstellung anschaute. Ich bewunderte den winzigen Korb, in dem er mit seinem ersten Ballon »Brasil« aufgestiegen war, eine Nachbildung der Originaluhr und die Quittung dafür sowie ein originalgroßes Modell eines ungewöhnlichen Vehikels, das mich an die Zeichnungen von William Heath Robinson erinnerte. Etliche Jahre lang war die ganze Welt davon überzeugt gewesen, daß Santos-Dumont damit den ersten offiziell anerkannten Flug unternommen hatte. Ich spazierte den langen, breiten Strand bei Guarujá entlang und ließ mich von seiner Schönheit berühren – trotz der Hotels, die dort mittlerweile in die Höhe geschossen sind, und bevor ich wußte, daß Santos-Dumont hier seine letzten Tage und Stunden verbracht hatte.

Als die Exzesse der Achtziger ein Ende nahmen, steckte ich meine hochfliegenden Ambitionen zugunsten eines gesetzteren Lebens als Romanschriftstellerin in London zurück. Aber Alberto Santos-Dumont ließ mich nicht los. Seine stechenden Augen starrten mich aus den Seiten seines Buches *Dans l'air* an, auf das ich in einem Antiquariat gestoßen war. In einem Katalog für alte Kochbücher fanden sich Fotografien der Kaffeeplantage, auf der er aufgewachsen war. Darunter war auch ein Bild der Veranda, auf der er als Kind Jules Verne gelesen und seine ersten kleinen Heißluftballons gebaut hatte. Einige Originalskizzen seines Freundes SEM und ein winziger Anhänger, ein Nachbau des Luftschiffs, mit dem er den Deutsch-Preis gewonnen hatte, wurden bei Bonham's versteigert. Und ich, ein wenig exzentrisch vielleicht, aber keineswegs wohlhabend, bot aufgeregt mit und bin nun im Besitz von beidem.

Meine Recherchen wurden nun systematischer, und ich lernte die ganze Geschichte kennen. Sie handelt von Träumen, von Kühnheit, von Hartnäckigkeit und schließlich vom Erfolg, zu schnell und grausam wieder entrissen; von einem Mann, der in Vergessenheit geriet, weil er zu großzügig war, und an den man sich schließlich wieder erinnert hat, weil er Stil und Klasse besaß.

Als ich weiter forschte, entdeckte ich Fotos und andere Zeugnisse, die lange in Museen und staubigen Archiven verborgen gewesen waren. Ich sprach mit Ballonfahrern, Sammlern und mit »direkt Beteiligten«, wie der »Kleine Santos« sich ausgedrückt hätte. Die ganze Zeit über fühlte ich, wie mich seine Vision inspirierte, so wie sie einst nicht nur seine Kollegen, sondern die ganze Welt begeistert hatte.

An zwei Augenblicke bei meiner Recherche über seine Bedeutung als Bindeglied in der Geschichte der Luftfahrt werde ich mich stets erinnern.

Da war einmal der Moment, als ich erfuhr, daß Charles Lindbergh 1968 mit den Astronauten von Apollo 8 am Vorabend ihrer historischen ersten Mondumrundung gespeist hatte. Lindbergh seinerseits hatte viele Jahre zuvor Santos-Dumont zum Festessen des Aero-Klubs anläßlich seines Atlantikfluges eingeladen. Wegen seiner Krankheit mußte dieser jedoch unter Tränen absagen.

Dann kam der Augenblick, als ich umgeben, ja eingepfercht von Aktenstapeln in der Bibliothek der Royal Aeronautical Society saß. Irgend etwas ließ mich plötzlich den Kopf heben, und ich sah einen Vogel leicht und unbeschwert am Fenster vorbeifliegen und über dem Hyde Park in die Luft steigen.

Nancy Winters   London, im August 1997

Vorwort

ir schreiben das Jahr 1973. Aus dem Schatten der riesigen Hangars im englischen Cardington schiebt sich die
stumpfe Nase eines silbrig glänzenden Luftschiffes. En-
thusiasten haben es mit dem Mut zum Abenteuer gebaut. Es ist
gerade groß genug, um zwei Erwachsene in die Lüfte zu heben.
Auf seinen gewölbten Flanken trägt es den Namen des Mannes,
auf den es zurückgeht, und des Idols seiner Erbauer – Santos-Dumont.

Die Bedeutung des ein Jahrhundert zuvor geborenen Alberto
Santos-Dumont für die Belle Époque ist mit jener John Glenns
und Neil Armstrongs für unsere Generation vergleichbar. Mag
sein, daß er nicht auf den ersten Blick wie ein Mann von »echtem
Schrot und Korn« aussah, aber der adrette »kleine Ikarus« aus
Brasilien errang mit seinen Pioniertaten hoch über den Straßen
von Paris internationales Ansehen. In der unerschütterlichen Überzeugung, daß der Mensch fliegen kann und wird, zähmte er den
unberechenbaren Ballon und schuf eine ganze Reihe von kleinen
lenkbaren Luftschiffen, denen er Namen wie »Renner« oder
»Streuner« gab.

Seine Erfolge – besonders der Gewinn des Deutsch-Preises
1901 für die Umrundung des Eiffelturms – brachten ihm Tro-

16

phäen ein und machten ihn sogar berühmter als Lindbergh. Doch im 20. Jahrhundert hat die überstürzte Jagd nach Fortschritt den Blick auf Santos-Dumonts Errungenschaften verstellt. Seine bedeutendste Ruhmestat, als erster Mensch in einem maschinengetriebenen Luftfahrzeug geflogen zu sein, wurde ihm von den Gebrüdern Wright streitig gemacht, von deren Werk die Welt noch nichts gehört hatte, als er schon die ersten vorsichtigen Hüpfer unternahm.

Menschen, die sich nicht in der kleinen, abgeschlossenen Welt der Luftschiffahrt bewegen, sagt der Name Santos-Dumont heutzutage nur wenig, vielleicht mit Ausnahme derjenigen, die die berühmten Cartier-Uhren kennen, die der bekannte Juwelier ursprünglich für ihn geschaffen hat. Und tatsächlich, als das kleine, anfangs erwähnte Luftschiff der siebziger Jahre Los Angeles erreichte, lautete der Kommentar des amerikanischen Sponsors: »Warum habt ihr den Namen irgendeines Toten genommen?« In Brasilien dagegen wird er sehr verehrt. Man hat sogar den Flughafen in Rio de Janeiro nach ihm benannt.

Nancy Winters' hervorragende Neubeurteilung seines Lebens und seiner Errungenschaften rückt einiges zurecht. Darüber hinaus macht sie zur rechten Zeit auf etwas aufmerksam. Während wir uns der Jahrtausendwende nähern, versuchen Ballonfahrer, ohne Zwischenlandung die Erde zu umrunden, und auch die Luftschiffahrt gelangt zu neuer Blüte – seit 50 Jahren wurde nicht mehr soviel mit Luftschiffen gefahren wie heute. Allerdings nicht mehr mit den riesigen Metallskelettgiganten des Grafen von Zeppelin. Nein, mit ganzen Flotten kleinerer Luftschiffe, die in er-

ster Linie kommerziellen Zwecken dienen — kleine Himmels-
fahrzeuge, die auf mein Idol Alberto Santos-Dumont zurückge-
hen und die er auf Anhieb wiedererkennen würde.

John Christopher
Ballonfahrer und Herausgeber
der Zeitschrift »Aerostat«

KAPITEL I

Fliegen mit Hector Servadoc

»AUCH ICH WOLLTE IM BALLON FAHREN.«

Heute ist der brasilianische Ballonpionier Alberto Santos-Dumont vor allem wegen der Armbanduhr bekannt, die Louis Cartier für ihn angefertigt hat. Zu seiner Zeit jedoch erfreute er sich größerer Berühmtheit als später Lindbergh oder die ersten Astronauten. Etliche Jahre lang wurde er in Europa, Südamerika und auch in den USA, wo ihn Theodore Roosevelt im Weißen Haus empfing, gefeiert. Doch dann mußte er erfahren, daß die Gebrüder Wright, deren erste Versuche zunächst unbeachtet geblieben waren, ihm voraus gewesen waren.

Wie dieser brillante, schillernde und exzentrische Pionier erst in Vergessenheit geriet und dann nur wegen jener Uhr wiederentdeckt wurde, ist eine ebenso glanzvolle wie tragische und die Phantasie anregende Geschichte.

Alberto Santos-Dumont, das verträumte jüngste Kind eines wohlhabenden Plantagenbesitzers, der den Beinamen »Kaffeekönig von Brasilien« trug, verbrachte seine Kindheit in einer Traumwelt, die vom Fliegen und von Maschinen beherrscht wurde.

Seine Eltern waren Brasilianer der ersten Generation. Die Mutter, Francisca dos Santos, eine fromme und zurückhaltende

Frau, stammte aus der brasilianischen Aristokratie. Ihre Familie war unter dem Schutz britischer Fregatten aus Portugal gekommen, zusammen mit König Dom João, der sich auf der Flucht vor Napoleon befand.

Die Vorfahren seines Vaters waren französische Juweliere und emigrierten nur wenig später. Sein Vater Henrique Dumont wuchs in Paris auf. Er war Ingenieur und ein vielseitiger Abenteurer – in seiner Jugend soll er im

Auch Dona Francisca bevorzugte hohe weiße Kragen.

Alleingang den Montblanc bestiegen haben. Nach etlichen erfolglosen geschäftlichen Unternehmungen, die meist von seinem reichen Schwiegervater unterstützt oder initiiert wurden, gelang es ihm, ein riesiges Stück Land zu erwerben.

Albertos Vater soll den Montblanc bestiegen haben.

Mit seinen früher erworbenen Kenntnissen im Tiefbau, im Eisenbahnbau und in der Dampfschiffahrt machte er daraus die größte Kaffeeplantage des Landes.

Der kleine Alberto kam im Jahr 1873, am 41. Geburtstag seines Vaters, zur Welt und wurde der Liebling der ganzen Familie. Von seinen wesentlich älteren zwei Brüdern und vier Schwestern verhätschelt und weitgehend sich selbst überlassen, verschlang er die Romane

*Schon mit sieben Jahren steuerte Alberto Lokomotiven auf der
100 Kilometer langen privaten Gleisanlage der Plantage.*

Jules Vernes – ohne daß ihm jemand gesagt hätte, daß sie nur der
Phantasie entsprungen waren.

Jahre später schrieb er: »Ich erkundete mit Kapitän Nemo und
seinen schiffbrüchigen Gästen im allerersten Unterseeboot, der
›Nautilus‹, die Tiefen der Meere. Mit Phileas Fogg reiste ich *In
80 Tagen um die Welt*, und auf der *Propellerinsel* und im *Stahlelefan-
ten* begrüßte mein kindliches Gemüt die Automobile, für die es
damals noch nicht einmal eine Bezeichnung gab.«

Sein Herz gehörte jedoch von Anfang an der Ballonfahrt.

»Mit Hector Servadoc«, so bekannte er, »flog ich durch die
Lüfte. Und ich wollte unbedingt auch mit einem Ballon fahren.
An den langen, sonnigen Nachmittagen lag ich oft im Schatten der
Veranda, eingelullt vom Summen der Insekten, das gelegentlich
vom fernen Ruf eines Vogels unterbrochen wurde. Ich blickte in
den herrlichen Himmel Brasiliens, in dem die Vögel so hoch flie-

2 I

gen und mit ausgebreiteten Schwingen so elegant dahinschweben,
in dem sich die Wolken im klaren Tageslicht zu herrlichen Gebil-
den türmen und in dem man nur den Blick zu heben braucht, um
sich in die Weite und die Freiheit zu verlieben. Wenn ich so sin-
nierend den Ozean der Lüfte erkundete, dann entwickelte ich in
der Phantasie auch Luftschiffe und Flugmaschinen.«

An sonnigen Nachmittagen lag er auf der Veranda und
konstruierte Montgolfieren.

Jene langen Stunden auf der Veranda, in denen er den Kondor
beobachtete und vom Fliegen träumte, bestanden jedoch nicht
nur aus Phantastereien. Aus Seidenpapier bastelte er kleine Heiß-

luftballons, die er nach den Ballonpionieren des 18. Jahrhunderts »Montgolfieren« nannte, und ließ in der Johannisnacht ganze Scharen davon in den von Feuern erhellten Himmel steigen. Außerdem baute er Leichtflugzeuge aus Stroh, die von zusammengedrehten Gummibändern angetrieben wurden, »solange es nichts Besseres gab«.

Er war jedoch klug genug, seine Träume für sich zu behalten. Anderen davon zu erzählen hätte bedeutet, »sich selbst als verrückten Phantasten abzustempeln«.

Statt dessen trieb er sich, während seine Vater und seine Brüder zu Pferd die Plantage inspizierten, bei den Kaffeeverarbeitungsanlagen herum und lernte, die Maschinen zu bedienen und auch zu reparieren. Bereits mit sieben Jahren steuerte er Zugmaschinen, mit zwölf die Baldwin-Lokomotiven auf dem rund 100 Kilometer langen Streckennetz der Plantageneisenbahn.

All diese spielerischen Versuche waren weit mehr als nur die Abenteuer eines kleinen Jungen. Sie waren ihm wichtige Lernerfahrungen, die seine späteren Erfindungen entscheidend beeinflussen sollten. Beim Spie-

Das Spielen mit den Kaffeeverarbeitungsmaschinen hatte großen Einfluß auf seine Zukunft.

len mit den Kaffeeanlagen, wie er es nannte, wurde er nicht nur mit der Funktionsweise der verschiedenen Maschinen – Stampfer, Separatoren, Schälmaschinen und gewaltige Ventilatoren – vertraut, sondern auch mit ihren Stärken und Schwächen. Daher lehnte er später alle Apparate mit sich hin und her bewegenden Teilen ab und entschied sich für den Rotationsantrieb.

In den ersten Jahren wurde er von seiner Lieblingsschwester Virginia zu Hause unterrichtet. Seine Spielkameraden waren in erster Linie die Kinder des Personals, und er verbarg seine Träume und Wünsche nicht, obwohl er deshalb verspottet wurde.

»Ich entsinne mich, wie meine Freunde mich immer wieder hänselten, wenn wir ›Alle Vögel fliegen hoch‹ spielten«, erinnert er sich Jahre später in seinem zauberhaften Buch *Dans l'air*. »Die Kinder sitzen um einen Tisch, und eines ruft ›Alle – Tauben fliegen hoch‹, ›Alle – Hühner fliegen hoch‹, ›Alle – Krähen fliegen hoch‹, ›Alle – Bienen fliegen hoch‹ und so weiter. Jedes Mal mußten wir unsere Finger heben. Manchmal rief es jedoch ›Alle – Hunde fliegen hoch‹, ›Alle – Füchse fliegen hoch‹ oder etwas ähnlich Unmögliches, um uns eine Falle zu stellen. Wenn man dann den Finger hob, mußte man etwas als Pfand geben. Und jedes Mal, wenn jemand rief ›Alle – Menschen fliegen hoch‹, zwinkerten sich meine Spielgefährten grinsend zu, denn ich hob sofort den Finger, und zwar besonders hoch, als Zeichen dafür, daß ich fest davon überzeugt war. Außerdem weigerte ich mich energisch, etwas als Pfand zu geben. Je mehr sie mich auslachten, desto glücklicher war ich, und ich hoffte, daß ich eines Tages die Lacher auf meiner Seite haben würde.«

So wuchs er auf: beschützt, begeistert, entschlossen und im Grunde etwas weltfremd.

Im Alter von 1 8 Jahren war all dies plötzlich vorbei.

Sein Vater war von einem Pferd abgeworfen worden und reiste, teilweise gelähmt, zur medizinischen Behandlung nach Paris. Alberto nahm er mit. Als er begriff, daß er nie wieder gesund werden würde, verkaufte er die Plantage und teilte den Erlös auf. Kurze Zeit später starb er.

So fand sich der junge Mann binnen eines Jahres mit einem riesigen Vermögen und ganz auf sich allein gestellt in Paris auf dem Höhepunkt der Belle Époque wieder.

KAPITEL II

Lenkbare Ballons und Automobile

»FOLGT MEINEN ANWEISUNGEN,
UND KÜMMERT EUCH NICHT UM DEREN
ZWECKMÄSSIGKEIT.«

Paris um die Jahrhundertwende war eine aufregende Stadt. Das Neue lag buchstäblich in der Luft. Der Eiffelturm war gerade erbaut, man hatte die Röntgenstrahlen entdeckt und das Radio erfunden. Die ersten Automobile tuckerten die Avenuen hinunter, und die Vorbereitungen für die Weltausstellung waren in vollem Gang.

Picasso, Cézanne, Matisse und Monet waren, ebenso wie Sarah Bernhardt, Nellie Melba und Colette, im Begriff, sich einen Namen zu machen, während Oscar Wilde unter dem Pseudonym Sebastian Melmoth gerade versuchte, den seinen geheimzuhalten.

Proust saß in seinem Korkzimmer.

Toulouse-Lautrec trank Absinth im Moulin Rouge.

Abends ließen sich die berühmten Kurtisanen in erlesenen Kleidern in den Restaurants und Cafés sehen, und morgens konnte man sie beim Ausführen ihrer kleinen Hunde im Bois de Boulogne beobachten. (Die Schönheit ihrer Schuhe machte dort auf

Obwohl er etwas von einem Dandy hatte,
war er kein Playboy.

die kleine Diana Vreeland, die vom Kinderwagen aus eine hervorragende Sicht hatte, einen solchen Eindruck, daß sie beschloß, ihr Leben der Mode zu widmen.)

Doch der wohlhabende junge Brasilianer hatte an all dem kein Interesse. Die »neuen Dinge«, die er sich in Paris ansehen wollte – so berichtete er –, waren »lenkbare Ballons und Automobile«.

Gepflegt und ein bißchen dandyhaft, mit glattem Haar, Mittelscheitel und einem prächtigen Schnurrbart, wirkte der schmächtige, aber wagemutige Neuankömmling auf den ersten Blick wie einer der zahlreichen Dandys, die im Maxim's verkehrten und im Prinzenpark einem neuen und gefährlichen Sport nachgingen: Motordreiradrennen. Doch allem Anschein zum Trotz war er kein Dilettant. Und auch die Pariser sollten bald erfahren, daß er sehr viel Bedeutenderes im Sinn hatte. Er würde die Lüfte erobern.

So machte er sich daran, seinen Traum in die Tat umzusetzen. Und erlitt den ersten großen Schock seines Lebens.

Verblüfft stellte er fest, daß die Ballonfahrt, außer in den Erzählungen Jules Vernes, seit den Versuchen der Brüder Montgolfier vor über 100 Jahren kaum nennenswerte Fortschritte gemacht hatte. Trotz der Experimente von Giffard, Lilienthal und anderen, die praktisch alles, von Schaufelrädern bis hin zu Pferden, für ihre Versuche mit Fluggeräten verwendet hatten, war es noch niemandem gelungen, einen funktionstüchtigen lenkbaren Ballon zu entwickeln.

Noch immer war man beim Fliegen auf Gedeih und Verderb dem Wind ausgeliefert. Und so nahm niemand das Ganze sehr viel ernster als der englische Dichter, Journalist und Kritiker Samuel Johnson, der 1784 gesagt hatte: »Diese Vehikel haben überhaupt keinen Nutzen, solange wir sie nicht steuern können. Ich würde lieber ein Heilmittel gegen Asthma entdecken.«

Die Aktivitäten der Aeronauten, wie sie damals genannt wurden, beschränkten sich hauptsächlich auf halsbrecherische Vorführungen auf Jahrmärkten und bei verunglückten Expeditionen in exotische Gegenden. Und ihre wenigen wirklichen Erkenntnisse behielten sie für sich. Man benutzte sogenannte Fesselballons, am Boden festgemacht, aber dadurch nicht weniger gefährlich, für verschiedene Trickeffekte. Am Montmartre erhob sich einmal wöchentlich eine Dame, die auf einem Sofa saß und Violine spielte, mit Hilfe eines solchen Ballons in die Luft.

Einzelfahrten mit dem Ballon waren sehr schwer zu bekommen, unbequem und teuer. Der bedauernswerte Passagier mußte nicht nur beim Transport der notwendigen Ausrüstung zum und vom Ballon behilflich sein, er mußte auch für mögliche Schäden aufkommen. Die Bedingungen konnten für alle Beteiligten sehr hart sein. Die riesigen, unlenkbaren Ballons wogen zum Teil über 250 Kilogramm, und niemand konnte vorhersagen, wo oder worauf sie landen würden.

Und das waren längst nicht die einzigen Schwierigkeiten. Alberto Santos-Dumont zum Beispiel geriet bei seiner ersten Ballonfahrt in eine Nebelbank, verheddert sich in einer gewaltigen Eiche, »wurde durchgeschüttelt wie ein Salatsieb« und hatte schließlich keinen Ballast mehr. Obwohl diese Fahrt für ihn eine berauschende Erfahrung war — »Die Sonne warf den Ballonschat-

Die Ballons hatten sich seit den Brüdern Montgolfier kaum weiterentwickelt.

ten auf die gleißend weißen Wolken«, so schrieb er bewundernd, »während unser riesenhaft vergrößertes Profil in einem dreifachen Regenbogen auftauchte« –, war ihm klar, daß er einen eigenen Ballon entwickeln mußte.

Mit Hilfe eines Privatlehrers erweiterte er seine naturwissenschaftlichen Kenntnisse (ohne auch nur einen Moment von der Überzeugung abzuweichen, daß absolut alles möglich sei), machte einen preisgünstigen Ballonmacher ausfindig und begann mit

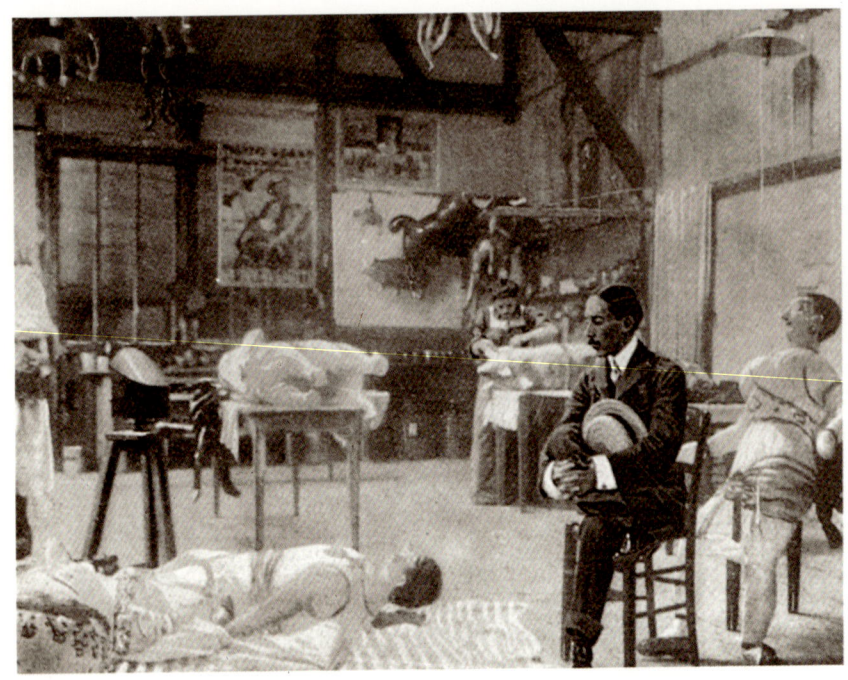

Monsieur Lachambre stellte auch Ballonfiguren für Zirkusse und Jahrmärkte her.

der Arbeit. Zuerst nahm er die Größe des Ballons in Angriff. Nach dem Motto: »Baue leicht!« – vielleicht beeinflußt durch seinen eigenen mageren Körperbau – schuf er den kleinen »Brasil«. Gegen den Rat aller Fachleute bestand er aus japanischer Seide und Bambus und wog gerade einmal 20 Kilogramm.

So entstand der kleinste Ballon aller Zeiten.

»Es stimmt«, so bestätigte er, »daß ich ihn in meiner Reisetasche mit herumtrage.«

Santos-Dumont bestand auf Ballons aus gelber japanischer Seide.

Obwohl er noch zwölf weitere Ballons und zahlreiche Flugzeuge konstruierte, blieb ihm dieses erste Werk seit den Montgolfieren auf der heimischen Veranda in Brasilien das liebste. Unter ein Foto setzte er die Zeilen:

*»Mein erster Ballon
der kleinste
der schönste
der einzige mit dem
Namen BRASIL.«*

Während er den kleinen »Brasil« nur zum Vergnügen nutzte, experimentierte er weiter mit Motoren, Treibstoff, Ballast, Lenksystemen sowie mit Steifigkeit und Größe. Dabei arbeitete er in der Regel entgegen allen gängigen Prinzipien seiner Zeit. Zu seinen ersten Fortschritten zählte neben dem mutigen Entschluß, einen Verbrennungsmotor in der Nähe von explosivem Wasserstoff zu betreiben, die Aufhängung der Gondel mit Seilen an der Unterseite des Ballons – statt, wie sonst üblich, an dem schweren Seilgeflecht, das die gesamte Ballonoberfläche über-

33

*Auch beim Ballon-
fahren trug er seine
berühmten hohen
Kragen.*

zog. Er entwickelte auch ein Steuerungssystem mit verschiebbaren Gewichten, womit sich Steigflug, Sinkflug und die Fluglage besser kontrollieren ließen als durch das Ablassen von Gas oder das Abwerfen von Ballast.

»Folgt meinen Anweisungen und kümmert euch nicht um deren Zweckmäßigkeit«, wies er seine Arbeiter an. Das kleine Grüppchen aus ehemaligen Kraftfahrzeugmechanikern stand unter der Leitung des gründlichen *campagnard* Albert Chapin, der Santos-Dumont während seines gesamten Wirkens die Treue hielt. Nach anfänglichem Murren folgten die Männer seinen Anweisungen ohne weitere Fragen. So hievten sie ein dreirädriges Kraftfahrzeug in einen Baum, um sein Verhalten in der Luft zu testen, oder hängten Tisch und Stühle an die Decke von Santos-Dumonts Eßzimmer, damit er sich an das Gefühl gewöhnen konnte, in einem Ballon zu speisen. (Als es kam, wie es kommen mußte, und die Decke herunterbrach, bauten sie einen Tisch und Stühle in 1,80 Meter Höhe über dem Boden.)

Da er keineswegs spartanisch lebte, hielt er ein ausgiebiges Mittagessen inklusive Champagner auf seinen Flügen für ganz normal, wie die folgende Beschreibung deutlich macht:

»Fröhliches Geläut drang zu uns empor, der Ruf zum Mittagsgebet aus dem Glockenturm eines Dorfes. Ich hatte uns einen kräftigen Lunch aus hartgekochten Eiern, kaltem Roastbeef und

Der kleine »Brasil«, sein erster Ballon und sein liebster.

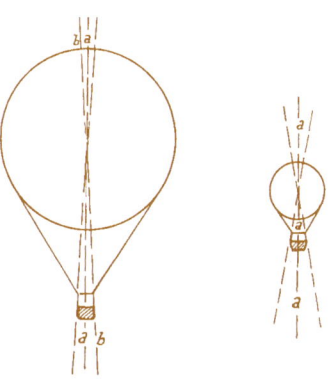

Ein Diagramm des
»Brasil«, der so klein
war, daß er ihn
in seiner Reisetasche
befördern konnte.

Der Motor und der
Propeller der Nr. 1
wurden am Korb
befestigt.

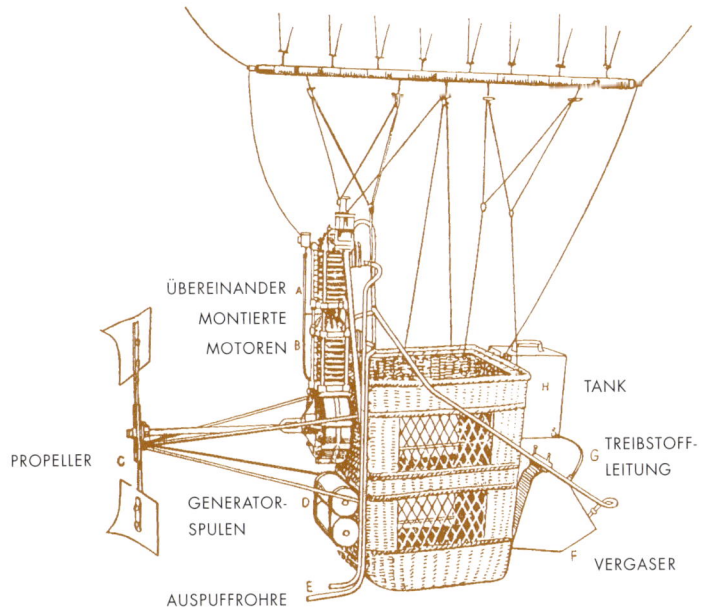

ÜBEREINANDER A
MONTIERTE
MOTOREN B

TANK H

PROPELLER C

TREIBSTOFF-
LEITUNG G

GENERATOR-
SPULEN D

AUSPUFFROHRE E

VERGASER F

Huhn, Käse, Eiscreme, Obst und Kuchen eingepackt, dazu Champagner, Kaffee und Chartreuse. Es gibt nichts Köstlicheres, als in einem Ballon über den Wolken zu speisen. Kein Speisesaal kann eine so herrliche Dekoration aufweisen. Rund um den Tisch versetzt die Sonne die Wolken in Wallung und läßt regenbogenfarbene Dampffontänen wie Garben von Feuerwerk daraus hervorschießen. Wie durch Zauberhand bilden sich hier und da zarteste weiße Flitter aus Eiskristallen, während vor unseren Augen und in unseren Gläsern aus dem Nichts immer wieder neue Schneeflocken entstehen!«

Seine Experimente blieben nicht unbemerkt.

Bald fanden sich ganze Scharen von Parisern ein, die ihre Bowlerhüte auf Spazierstöcken schwangen und ihm zusahen, wie er an der Führungsleine über die Dächer der Champs-Élysées schwebte (ein Bürger der Stadt beschwerte sich sogar, weil er sich verfolgt fühlte) und Testflüge über dem Bois de Boulogne oder – geradezu ahnungsvoll – um den Eiffelturm herum unternahm.

Hatten die Ballons Santos-Dumont bei seiner Ankunft in Paris eher enttäuscht, galt dies keineswegs für die Automobile.

Neben einem der ersten Peugeots, den er später nach Brasilien mitnahm und damit zum ersten Auto in Südamerika machte, kaufte er etliche dreirädrige Kraftfahrzeuge (äußerst beliebt zu seiner Zeit, leicht zu manövrieren und für Rennen geeignet), einen Panhard und einen ameri-

Die Nr. 1 fiel wegen einer untauglichen Luftpumpe in sich zusammen und stürzte vor den Augen der Menge ab.

Kollegen hielten seine Entscheidung, einen Verbrennungsmotor zu verwenden, für selbstmörderisch. Doch Santos-Dumont war überzeugt, daß er gerade ihm seinen ganzen Erfolg verdankte.

kanischen Buggy. Diese Fahrzeugsammlung konnte leicht als Extravaganz erscheinen. Auch unter den Reichen gab es damals nur wenige, die überhaupt ein Auto hatten. Kraftfahrzeuge waren so selten, daß die Menschen auf der Straße anhielten, wenn sie eines sahen. Für Santos-Dumont erwiesen sie sich jedoch als ausgezeichnete Investition, denn hier stieß er auf die Energiequelle, die er gesucht hatte.

Er verwarf die Dampfmaschine (»zu schwach im Verhältnis zu ihrem Gewicht, außerdem spuckt sie rotglühende Kohlen aus«), verschwendete keinen Gedanken an die Elektrizität (»zwar relativ ungefährlich, hat aber den gravierenden Nachteil, die schwerste bekannte Maschine zu sein«) und entschied sich für den Petroleummotor, der auch sein Dion-Dreirad antrieb. Er war leicht und einfach konstruiert, und da er ihn mit auf einen Baum genommen hatte, wußte er, daß er in der Luft weniger vibrierte als auf den Pflastersteinen von Paris. Das Vorhaben war zwar immer noch eine »heikle und unberechenbare Angelegenheit«, und viele rieten ihm ab – auch seine neuen Freunde, alles waghalsige Männer, die seine Pläne schlicht für »Selbstmord« hielten –, doch er machte weiter.

»Meine Erfahrung mit Automobilen«, so erläuterte er, »kam mir bei meinen Luftschiffen sehr zugute. Meinen gesamten Erfolg verdanke ich dem Verbrennungsmotor.«

KAPITEL III

Das süße Leben

»HEUTZUTAGE BAUE ICH
LUFTSCHIFFE IN GROSSEM STIL. ES IST FÜR
MICH EINE ART LEBENSWERK.«

In den nächsten Jahren sah man Alberto Santos-Dumonts gelbe Luftschiffe regelmäßig am Himmel über Paris und Umgebung. Er testete seine einzigartigen Modelle, und das mit wechselndem Erfolg. Unter einem roten, im Wind wehenden Spruchband mit dem brasilianischen Motto *Por mares nunca d'antes navegados!* (»Durch Meere, nie zuvor durchschifft!«) konnte man ihn an den verschiedensten Apparaten baumeln sehen. Sie bestanden aus jedem denkbaren Material, und als Sitzgelegenheit diente ihm alles, angefangen von einem Korb bis zu einem Fahrradsattel, und einmal sogar nur eine lange Stange.

Er wollte einen sicheren, bezahlbaren und lenkbaren Ballon konstruieren und war bereit, dafür alles zu tun. Einmal bat er sogar eine Gruppe vornehmer Passagiere, sich auszuziehen und die Kleider über Bord zu werfen, um das Gewicht zu verringern.

Zum Glück erwies sich diese Maßnahme jedoch als unnötig. Sein Ansehen war allerdings so groß, daß ihm auch dies höchstwahrscheinlich verziehen worden wäre – so wie etliche andere, oft kostspielige Unannehmlichkeiten, die seine Experimente verursachten. Der »Kleine Santos« wurde von den Parisern ebenso mit Nachsicht behandelt wie einst von seiner Familie.

Santos-Dumont war nicht der einzige aufstrebende Aeronaut – andere, wie Louis Blériot, ein früherer Gefährte und Rennrivale, zählten auch dazu –, aber er war der Liebling der Massen. »Er war«, so schrieb ein Journalist, »von liebenswerter Seltsamkeit.«

Er war klein (1,67 m), schmächtig (50 kg) und hatte stechende, manchmal verschmitzte Augen und ein gespaltenes Kinn. In einer Beschreibung werden ihm »die Geschmeidigkeit einer Katze, der sichere Tritt eines Kletterers (den er von seinem Vater geerbt haben mag), die Hände eines Ingenieurs, außerordentliche Rastlosigkeit und unerschütterliche Gewißheit« bescheinigt.

Diese Gewißheit gründete in seiner Weigerung, Grenzen anzuerkennen – niemand hatte ihm je gesagt, daß etwas unmöglich sei –, und seine Vision war weiterhin von Jules Verne geprägt.

Er bediente sich unorthodoxer Methoden und hatte manchmal, ähnlich wie Sherlock Holmes, eine etwas distanzierte Art. So brachte er es fertig, flugzeugförmige Pfeile zu werfen oder Bienen von Rhododendronbüschen zu pflücken und zu betrachten, während sich jemand um seine Aufmerksamkeit bemühte. Dennoch bewunderten ihn seine Kollegen wegen seiner Höflichkeit, der Qualität seiner Arbeit und nicht zuletzt wegen seines Mutes.

»Man mußte ihn nur sehen, in einem kleinen geflochtenen Korb neben einem mit Vollgas laufenden, flammenspeienden Motor und unter einem Ballon voller Wasserstoffgas, um von seiner Courage überzeugt zu sein«, meinte Blériot.

Er war als »Kleiner Santos« bekannt und von »liebenswerter Selt-samkeit«. Die Werke Jules Vernes inspirierten ihn nach wie vor.

Aber davon abgesehen hatte er auch Erfolge vorzuweisen.

Ein anderer Ballonfahrer schrieb: »Während wir unsere Zeit mit unnötigen Änderungen vertrödelten, sägte er kleine Bambusstücke zurecht, fügte sie mit Draht und Schnur zusammen, und nach wenigen Stunden brachten wir unsere Münder vor Staunen und Bewunderung gar nicht mehr zu.«

Er fürchtete sich vor nichts außer vor der Zahl Acht, die ihm eine fast krankhafte Angst einflößte.

Seine Tollkühnheit barg natürlich auch Gefahren.

Er wurde von Bienen zerstochen. Stürme, Aufwinde, defekte Luftpumpen und undichte Ventile führten oft zu spektakulären Rettungsaktionen. Allerdings war daran auch seine Neigung, Dinge lieber auszuprobieren, als ausführlich Papiere zu studieren, nicht ganz schuldlos.

Einmal drohte er in seiner Nr. 1 zu schnell auf dem grasbewachsenen, aber dennoch gefährlichen »grünen Ozean« im Bois de Boulogne zu landen. Gestikulierend machte er ein paar Jungen auf sich aufmerksam, die geistesgegenwärtig ihre Drachenschnüre mit seiner Führungsleine vertauschten und ihn, indem sie damit gegen den Wind liefen, sicher zu Boden brachten.

Als er mit seiner Nr. 5 im größten Kastanienbaum des Gartens von Edmond de Rothschild festhing, genoß er während der notwendigen Reparaturen ein Mittagessen, das ihm eine Nachbarin, die Comtesse d'Eu, Tochter des brasilianischen Kaisers Pedro II., geschickt hatte.

Etwas später baumelte er in der Gondel desselben Ballons vom Dach des Hotels Trocadero. Während die Feuerwehrleute, bei de-

Santos-Dumont wartet nach seinem Sturz auf das Trocadero-Hotel auf Rettung.

nen er sich später schriftlich bedankte, ihn herunterholten, notierte er, daß er »von den Klaviersaiten aus Nizza gerettet« worden sei. Mit ihnen hatte er erst kürzlich das Tauwerk ersetzt.

Obwohl er oft ein hohes Risiko einging, wurde er niemals schwer verletzt. Die einzige Bedrohung seines jungen Lebens hatte in einer Lungenentzündung bestanden. Und in der ungebrochenen Gewißheit seiner Kinderjahre auf der Plantage betrachtete er jedes Mißgeschick als Lektion.

»Meine Unfälle haben für mich nur wenig Bedeutung«, sagte er. »Ich glaube an meinen Glücksstern.«

Als er einmal bei Dunkelheit von einem Gewittersturm in einem geliehenen Ballon festgehalten wurde, empfand er »wilde Freude« darüber, ein Teil des Sturms zu sein.

Und als seine zylinderförmige Nr. 1 auseinanderzubrechen begann und er von seinem baldigen Tod überzeugt war, »erschauerte« er bei dem Gedanken, wem er wohl bald in der nächsten Welt begegnen würde.

»Man hat nur dann Angst, wenn man noch an eine Chance glaubt«, sagte er einmal in einem Interview.

Er achtete auch darauf, daß seine oft überaus anstrengenden Versuche sein gesellschaftliches Leben nicht beeinträchtigten. Er stand früh auf, um die Windstille zu nutzen, und konnte nach einer morgendlichen Ballonfahrt beim Aero-Klub oder einer Rundtour über Paris zum Mittagessen an seinem Tisch im Maxim's sein. Er wurde immer berühmter, und Zeitungen und Zeitschriften berichteten genausoviel über seinen Lebensstil wie über seine Erfindungen.

Elegant, geistreich und gut gekleidet, oft einen Panamahut auf dem Kopf, setzte er auch in der Mode Maßstäbe. Seine hohen weißen Kragen, die als Santos-Dumont-Kragen bekannt wurden, und sein kurzer seidengefütterter Umhang waren der letzte Schrei.

Oft stürzte er im Park der Rothschilds ab.
Während der Reparaturarbeiten wurde Champagner
nach oben gereicht.

Das goldene Armband mit dem St.-Benedikt-Amulett, das ihm die Comtesse d'Eu zum Schutz vor weiteren Unfällen geschenkt hatte, wurde ebenso registriert und nachgeahmt wie der leichte breite Gürtel, den er unter der Weste trug, seine Stiefel (allerdings ohne die Einlagen, die ihn größer erscheinen ließen, denn niemand wußte davon), seine Gamaschen, das Knopfloch für die Nelke und seine Fahrermontur mit Kappe, Schutzbrille und Knickerbockerhosen.

Er war stets ein gern gesehener Gast bei den zahlreichen Empfängen und Bällen jener Tage, empfing aber auch selbst gerne Gäste. Viele der Reichen und der Adligen, unter ihnen auch die Rothschilds, in deren Seen und Rosengärten er so viele Male stürzte, waren am Abend vor einem Absturz noch Gäste in seinem luxuriösen Haus in der Rue Washington Nr. 5 gewesen.

In der Regel war jemand in der Nähe, um den Sportsmann der Lüfte zu retten, wenn er überraschend irgendwo landen mußte.

*Der Strohhut war eine hübsche
Abwechslung zu seinem
üblichen Panama.*

Unter ihnen rag-
ten insbesondere der
brasilianische Bot-
schafter Antonio Pre-
do und der berühmte
Karikaturist George
Goursat, bekannt un-
ter dem Kürzel SEM,
hervor. Seine Origi-
nalzeichnungen sind
bis heute an den
Wänden des Maxim's
und im vornehmen
Restaurant »Pont de
la Tour« in London
zu sehen; sein unver-
wechselbares Werk,
charakteristisch für
seine Zeit, wird nach
wie vor nachgeahmt
und gesammelt. Er
und Santos-Dumont,
bekleidet mit den
gleichen Strohhüten und den gleichen modisch hochgekrempel-
ten Hosen, gingen sehr viel aus, besuchten Konzerte und Eröff-
nungsgalas, wobei SEM seinen berühmteren Freund oft zeichnete.
Ihre enge Freundschaft gründete sich nicht nur auf gesellschaft-

liche Kontakte und überdauerte die meisten anderen aus dieser Zeit.

Ein weiterer regelmäßiger Besucher war der Juwelier Louis Cartier, der im Leben Santos-Dumonts, aber auch bei der Wiederbelebung seines Namens und seines Rufes eine solch herausragende Rolle gespielt hat. Einem ihrer Treffen entsprang die Idee für die Santos, die erste Armbanduhr überhaupt und das bis heute meistverkaufte Cartier-Modell.

Louis Cartier schuf auch andere Schmuckstücke für Santos-Dumont. Besonders auffallend war ein mit Rubinen besetztes Kleinod mit der Gravur »Belle de Neuilly«, die geheimnisvolle angebliche Geliebte des Ballonfahrers. Allerdings wird sie sonst nirgendwo erwähnt. Neben einer späteren – und ziemlich öffentlichen – leidenschaftlichen Liaison mit einer adligen kubanischen Schönheit ist dies der einzige

Der berühmte Karikaturist SEM, ein enger und langjähriger Freund.

A.S-D

Mercredi

Mon cher Ami

Voulez vous diner avec
moi demain ? J'ai aussi
invité Tissandier et Pezry
Le rendez-vous est au 150
Champs Elysées à 8¼.

Votre Ami

A. Santos-Dumont

Eine Einladung zum Abendessen von
Alberto Santos-Dumont
an Louis Cartier

Rechts:
Die beiden Freunde üben das Essen
in luftiger Höhe.

überlieferte Hinweis auf Santos-Dumonts Verhältnis zu Frauen, die ansonsten in seinem Leben weiter keine Rolle spielten.

Er war nie verheiratet und pflegte enge Freundschaften mit Männern, doch das war zu seiner Zeit nicht ungewöhnlich. Es gibt auch keine Hinweise auf eine homosexuelle Verbindung. Tatsächlich benutzten viele, wenn nicht die meisten schwulen Männer seines Standes, auch Oscar Wilde, die Ehe als Tarnung. (Einige gingen sogar noch weiter und gaben ganze Vermögen aus, um sich eine Geliebte zuzulegen, die – von der Ehefrau toleriert – in teuren Häusern logierte; dort gingen sie hin, um sich mit ihren männlichen Liebhabern zu treffen.)

Seine Ehelosigkeit war also kein Beweis für seine Homosexualität – so wie das Urteil einer Forschergruppe nach seinem Tod, aus einer unschuldigeren, noch nicht so lange zurückliegenden Zeit, kein Beweis für das Gegenteil ist. Es besagte, daß sein »Interesse für die Mechanik« und seine »Gleichgültigkeit« gegenüber den schönen Künsten« Homosexualität mit »absoluter« Sicherheit ausschlössen.

Es könnte sein, daß Santos-Dumont schwul und, in weiser Voraussicht, verschwiegen gewesen ist.

Er könnte auch, wie sein später verheirateter Freund Goursat sich ausdrückte, einfach »äußerst scheu und zurückhaltend« gewesen sein.

Vielleicht wollte er auch, als besessener Visionär, schlicht und

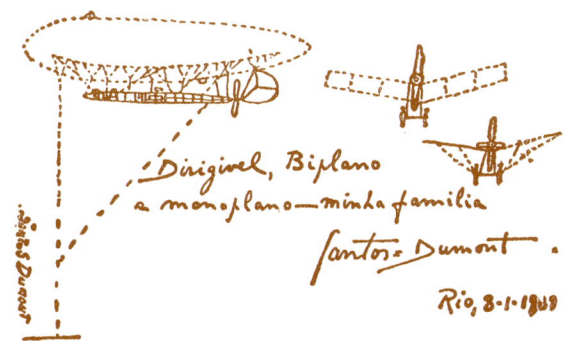

*»Luftschiff, Doppeldecker und Eindecker –
meine Familie«, schrieb Santos-Dumont auf ein
Autogramm für einen Verehrer.*

einfach in jeder Hinsicht mit leichtem Gepäck reisen. Als er einmal einem Bewunderer ein Autogramm gab, zeichnete er ein
Luftschiff, einen Eindecker und einen Doppeldecker und schrieb
»meine Familie« darunter .

Auf jeden Fall schienen nach Alberto Santos-Dumonts Auffas-
sung Liebesgeschichten im süßen Leben keine herausragende
Rolle zu spielen.

KAPITEL IV

Eroberer der Lüfte

»ICH KANNTE MEINE GENAUE ZEIT NOCH NICHT.
ICH SCHRIE: ›HABE ICH GEWONNEN?‹«

A m 19. Oktober 1901 feierte der Sportsmann der Lüfte, wie er sich selbst gern nannte, seinen ersten großen Erfolg. Er gewann mit der zigarrenförmigen Nr. 6 den renommierten Deutsch-Preis für einen kontrollierten Flug rund um den Eiffelturm innerhalb einer halben Stunde. Der Deutsch-Preis wurde vom Aero-Klub verliehen. Stifter war der Klubpräsident, der wohlhabende Petroleummagnat Henri Deutsch de la Muerthe. Er teilte Santos-Dumonts Interesse für Petroleum (die Grundlage des Vermögens seiner Familie) ebenso wie das für Ikarus (über den er eine Oper geschrieben hatte). Vorläufer dieses Preises war ein Ermutigungspreis für den Ballonfahrer gewesen, der sich am stärksten um den Erfolg zu bemühen schien.

Den hatte Santos-Dumont natürlich ebenfalls gewonnen, ihn aber postwendend zur Stiftung eines neuen Preises verwendet: Er sollte an denjenigen gehen, der
— ihn selbst ausgenommen —
die Umrundung schaffte, und zwar ohne Zeitlimit. Dieser

Immer bildete sich schnell eine Menge aus neugierigen Zuschauern.

Santos-Dumont konstruierte
alle seine Maschinen selbst und trug
die gesamten Kosten. Er besaß
keine Patente und wollte für keine
seiner Erfindungen Geld haben.

Preis wurde zwar nie vergeben, aber Baron Deutsch de la Muerthe war darüber etwas verstimmt, wurde doch so seine Bedingung der halbstündigen Flugdauer vom Tisch gewischt. Vielleicht stehen einige seiner späteren, weniger großzügigen Aktivitäten damit in Zusammenhang.

Wie dem auch sei, Santos-Dumont jedenfalls schaffte es. Im dritten Anlauf. Andere Ballonfahrer waren bei ihrem Umrundungsversuch ums Leben gekommen, und auch er mußte mitten im Flug aus dem Korb klettern und sich über die Verstrebungen hangeln, um Fehlzündungen im Motor zu beheben. 300 Meter weiter unten hielt Paris den Atem an – und brach schließlich in Jubel aus. Die Straßen waren so voll von Menschen, daß einige von den Brückengeländern in die Seine fielen.

»Habe ich gewonnen? Habe ich gewonnen?« fragte er bei der Landung. Statt einer Antwort hob ihn die Menge aus der Gondel und trug ihn auf den Schultern zu den wartenden Schiedsrichtern vom Aero-Klub.

Die Spannung ist groß, als die Schiedsrichter des Aero-Klubs die Zeit nehmen.

Die Umrundung des Eiffelturms in der Nr. 6 bedeutete den Gewinn des Deutsch-Preises.

An diesem Abend berichtete er bei einer Festveranstaltung im Maxim's von seinem Abenteuer. Dabei schilderte er auch, wie schwierig es ist, beim Fliegen die Zeit im Auge zu behalten. Schon allein das Steuern – von den mit dem Panamahut erstickten Flammen oder seinen Kletterpartien über die Verstrebungen gar nicht zu reden – ließ ihm keine Hand frei, um auf seine Taschenuhr zu sehen. Deshalb mußte er die Menge fragen, ob er gewonnen habe. Er wußte einfach nicht, wieviel Zeit er gebraucht hatte.

Der erfinderische Cartier hörte genau zu und präsentierte bald darauf die Lösung: eine Uhr, die am Handgelenk getragen wurde. Sie war elegant und sportlich wie der, der sie inspiriert hatte, und sie wurde, wie so

Santos-Dumont nimmt die Anerkennung eines Bewunderers entgegen.

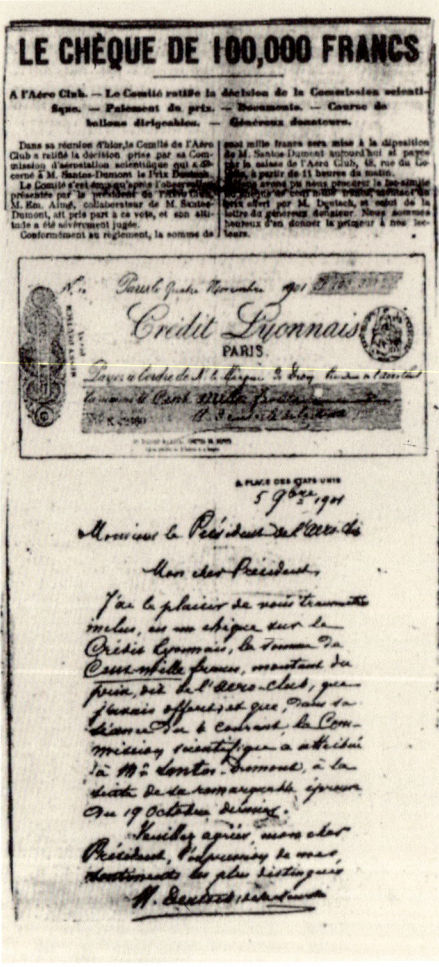

LE CHÈQUE DE 100,000 FRANCS

Das Preisgeld ging zur Hälfte an seine Helfer, mit der anderen Hälfte löste er Werkzeuge aus, die Pariser Handwerker verpfändet hatten.

viele andere schicke (und einige weniger schicke) Artikel dieser Zeit, auch nach ihm benannt.

Tausende von Medaillons, Anhängern, Postkarten, Karikaturen und *bibelots*, was soviel bedeutet wie Nippes, wurden ihm zu Ehren geschaffen. Allerdings sind davon nur sehr wenige erhalten geblieben. Ein Louis Blériot gewidmeter Anhänger wurde hingegen im Sommer 1997 in der Burlington Arcade nahe des Londoner Piccadilly Circus für 2700 Pfund angeboten.

Santos-Dumont hatte internationale Berühmtheit erlangt. Während andere sich noch immer mit dem Bau künstlicher Flügel beschäftigten, hatte er die Lüfte erobert.

Es hagelte Ehrungen

und Einladungen aus der ganzen Welt. Pioniere wie Guglielmo Marconi und Thomas Edison, der ihm zu seiner Entscheidung für den Petroleummotor gratulierte, schickten ihm ihre Fotos zu und hießen ihn unter ihresgleichen willkommen.

In Frankreich war man begeistert darüber, nun auch im Bereich der Naturwissenschaften, wie schon in allen anderen, führend zu sein. In Ländern wie Deutschland, wo die Versuche des Grafen von Zeppelin erst später Früchte tragen sollten, und den USA, wo man von den Brüdern Wright noch nicht einmal gehört hatte, machte man sich Sorgen.

Das Preisgeld von 100 000 Franc verschenkte Santos-Dumont zur Hälfte an seine Helfer, mit der anderen Hälfte löste er Werkzeuge aus, die von Pariser Handwerkern verpfändet worden waren. Weitere 125 000 Franc, die ihm Brasilien aus Stolz und Dankbarkeit gespendet hatte, behielt er für seine nächsten Versuche.

Unter den vielen Gratulationsschreiben freute ihn eines ganz besonders. Es stammte von seinem früheren Spielkameraden Pedro, der ihn an die Zeit auf der Plantage und ihre »Alle Vögel fliegen hoch«-Spiele erinnerte.

»Alle Menschen fliegen hoch, alter Freund!« jubelte Pedro. »Du hattest recht damit, den Finger zu heben. Du hast es gerade mit deinem Flug um den Eiffelturm bewiesen, und Monsieur Deutsch mußte das Pfand abliefern, nicht du!«

Er fügte hinzu: »Seit deinem Flug spielen sie zu Hause das altbekannte Spiel so oft wie nie, aber es wurde umbenannt. Jetzt heißt es ›Alle Menschen fliegen hoch!‹, und wer seinen Finger dabei nicht hebt, muß ein Pfand abgeben.«

Das Phantasiepanorama eines Künstlers: Paris, wie es aus der Nr. 6 ausgesehen haben muß.

Nun meldeten sich neue Freunde aus der näheren Umgebung seiner Wahlheimat. Auch England ließ sich von diesem Sports-

mann der Lüfte anstecken. Als unter der Führung der Motor-
pioniere Frank Hedges Butler, einem reichen Weinhändler, und
Charles S. Rolls, der sich zu der Zeit noch nicht mit Mr. Royce
zusammengetan hatte, der Aero Club of Britain gegründet

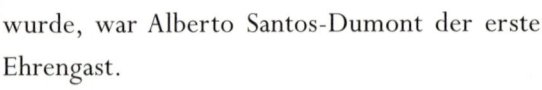

wurde, war Alberto Santos-Dumont der erste Ehrengast.

So hielt er am 23. November 1901 bei einem Galabankett im Londoner Carlton Hotel vor den führenden britischen Wissenschaftlern eine Rede – auf englisch. Er war nervös, denn seine Angst vor öffentlichen Ansprachen war ungefähr so groß wie die vor der Zahl Acht. Goursat meinte dazu: »Lieber würde er sich einem Trupp von Scharfschützen gegenüberschen.«

Unter den Zuhörern waren die Führer der Royal Astronomical Society, der Royal Geographical Society, der Society of Electrical Engineers, Sir C. Champion de Crespigny als Vertreter der Königlichen Marine, die Herausgeber von 21 Zeitungen, darunter der *Times*, des *New York Herald*, *Le Matin*, *O Globo* und *Lady's Pictorial* sowie passenderweise ein Mr. Bird (»Vogel«) und ein Mr. Pigeon (»Taube«).

Als die Zigarren qualmten, wurden zwei Toasts ausgesprochen, die heute wie Ironie klingen: einer auf die Zukunft der militärischen Nutzung des Ballons und einer darauf, daß zwar viele prominente Namen in Vergessenheit geraten würden, der von Alberto Santos-Dumont jedoch niemals.

Doch es herrschte nicht nur eitel Sonnenschein. So beschwerte sich Lord Northcliffe von der *Daily Mail*, wenn auch in etwas wirren Bildern: »England ist keine Insel mehr. Jetzt, wo feindliche Streitwagen aus der Luft auf britischem Bo-

»Je weiter ich dem Gefühl der Schwerkraft entkommen kann, desto besser fühle ich mich.«

den landen können, wird es hinter den hölzernen Schutzwällen Englands und dem Kanal als unserem Wassergraben keinen sicheren Schlaf mehr geben.«

Keine dieser Prophezeiungen schien jedoch zu jenem Zeitpunkt auch nur einen Gedanken wert, und Santos-Dumont verbrachte den Rest der Woche mit Einladungen zum Beispiel in den Royal Thames Yacht Club, den Reform Club, die brasilianische Botschaft und nach Aldershot. Dort unternahm er mit Mrs. T. B. Brown und

anderen Damen eine Fahrt in einem Fesselballon, der den Namen »Empire« trug und aus Goldschlägerhaut gefertigt war. (Sie bestand aus der innersten Schicht von Rinderdärmen und wurde so genannt, weil zwischen Lagen aus Goldschlägerhaut Blattgold gehämmert wurde.) Anläßlich eines Abendessens, das ein Mr. Paris Singer zu seinen Ehren gab, baute man ein 1,20 Meter langes und 90 Zentimeter hohes Modell der Nr. 6 aus Veilchen und Maiglöcken nach.

Santos-Dumont versprach, bei hoffentlich besserem Wetter wiederzukommen, und kehrte nach Frankreich zurück, wo gerade die Weltausstellung die ganze Menschheit friedlich vereinte. Seine Popularität war weiterhin auf dem Höhepunkt. Den folgenden Monat verbrachte er damit, all dies zu genießen, Anerkennungen entgegenzunehmen, jeden zu treffen, der mehr über sei-

Santos Dumont

'THE CONQUEROR OF THE AIR'

AFTER Bartolomeu Lourenço de Gusmão, who was to go down to history as the "flying priest," thus immortalising a nickname which is not without its humorous connotations, there is no other name so famous in the long list of pioneering Brazilians in the conquest of the air than that of Alberto Santos Dumont.

Born in Minas Gerais on 20th July, 1873, he grew up on the vast coffee plantations in São Paulo, belonging to his father, an engineer who took his degree in the Central School in Paris. From early childhood his vivid imagination was fired by the stories of Jules Verne and he showed a deep interest in machinery of every kind. In his book 'In the Air,' in which he recapitulates the whole of the first phase of his struggle for the conquest of the air, he says of himself: "When I was seven years old I already had permission to drive the large wheel locomotive used in our plantation for field work. At twelve years of age, they used to let me substitute the engine driver in the Baldwin locomotive which pulled the coffee transportation trains

ne Vorstellungen erfahren wollte, und, wie immer, mit seinen Freunden im Maxim's zu speisen.

Das gesellschaftliche Leben allein befriedigte ihn jedoch nie ganz. Gerade, als sich bei ihm eine leichte Unruhe einstellte, erhielt er eine Einladung des Fürsten Albert I. von Monaco. Der Großvater des heutigen Regenten und Gründer des berühmten Ozeanographischen Museums (»selbst ein Mann der Wissenschaft, der wegen seiner persönlichen Forschungen gefeiert wurde«) bot an, den Bau eines Hangars und einer Basisstation für Flüge über dem Meer zu finanzieren.

KAPITEL V

Hinaus aufs Mittelmeer

»DIE VORAUSSETZUNGEN SCHIENEN
IDEAL ZU SEIN.«

D ie Herausforderung, im Ballon über Wasser zu fliegen, und die Möglichkeit, einem weiteren rauhen Pariser Winter zu entkommen (in Brasilien fällt die Temperatur kaum einmal unter 22 Grad Celsius), reizten Santos-Dumont. So verbrachte er die Weihnachtsfeiertage und den Jahreswechsel mit den Vorbereitungen zu seiner Abreise.

Die Voraussetzungen, das war sein Eindruck, schienen ideal zu sein. Die kleine, vor Wind und Kälte geschützte Bucht von Monaco würde ein hervorragendes Übungsgelände abgeben, von wo er dann, »hinaus aufs Mittelmeer fliegen« würde.

Zunächst schickte er seine Vorschläge für den Bau des Ballonhangars, seinen Mechaniker Chapin und die Nr. 6 sowie seinen nagelneuen Mercedes inklusive Chauffeur voraus. Dann machte er sich selbst samt seiner umfangreichen Garderobe im Vorläufer des heutigen Orientexpreß frohgemut in Richtung Riviera auf.

Nachdem er sich in seiner Suite in der Villa des Duc de Dino eingerichtet hatte, verbrachte er etliche Monate auf ähnliche Weise wie in Paris: Auf festliche Abende folgten Tage voller auf-

Der Hangar in Monaco war trotz seiner Größe nicht ideal.

regender und todes-verachtender Experimente.

Monte Carlo erlebte gerade seine Glanzzeit. Seine Hotels und der Jachthafen lockten die Reichen und den Adel aus aller Welt an, so auch den amerikanischen Millionär James Gordon Bennett. Der Gründer der *Herald Tribune* und ambitionierte Amateurballonfahrer wurde schnell zum großen Verehrer und Gönner Santos-Dumonts.

Der elegante und wagemutige Abenteurer war die Hauptattraktion an der Côte d'Azur und machte dem Casino, dem Theater, den Gärten, der Oper und den Musikkapellen ebenso Konkurrenz wie der sensationsgierigen Jagd nach königlichen Hoheiten und dem gegenseitigen Sich-Bewundern und Sich-Beneiden bei Galas und Bällen. Selbst die Witwe Napoleons III., Prinzessin Eugénie, unterbrach ihr selbstgewähltes Exil, um dem Wundermann Santos-Dumont zu begegnen.

Es war nicht leicht, die Nr. 6 in die Luft zu bekommen.

Seine Fortschritte wurden von Jachten und Hotelbalkons aus neugierig verfolgt. In weniger als einem Monat entstanden unter seiner Aufsicht ein riesiges Aerodrom und eine Anlage zur Erzeugung von Wasserstoff. Dabei stellte er erneut einen Weltrekord auf, diesmal für die schwersten jemals gebauten Rolltore. Es gab viele Unkenrufe, daß sich die jeweils über eine halbe Tonne schweren Türen niemals würden bewegen lassen. Selbst seine eigenen Arbeiter zweifelten daran. Doch waren die Tore so exakt ausbalanciert, daß die beiden Prinzen Ruspoli, acht und zehn Jahre alt, bei der Einweihungsfeier mühelos damit fertig wurden.

Viel schwieriger war es, die preisgekrönte Nr. 6 in die Luft zu bekommen. Das Problem war der Hangar, das »Ballonhaus«, wie

Santos-Dumont zu sagen pflegte. Es lag nicht direkt am Meer, wie der Fürst es versprochen hatte, sondern jenseits von Boulevard, Straßenbahnschienen, Promenade und Hafendamm. Hatte man diese Hindernisse überwunden, mußte vor dem Start auch noch ein fünf Meter hoher Abhang hinunter zum Strand bewältigt werden. Zwar wurde es schließlich unter großem Jubel geschafft, aber Santos-Dumont, schick gekleidet mit schwarzem Anzug, hohem Kragen und einer Autofahrermütze — merkwürdigerweise hat er nie eine spezielle Ballonfahrerkleidung entworfen —, wäre dabei fast ins Wasser gefallen.

Eine noch größere Herausforderung war es, den Ballon (und Santos-Dumont) wieder auf die Erde zu bekommen. Da es keinen Landeplatz gab, mußte das Luftschiff, fast wie ein Faden ins Nadelöhr, direkt in den riesigen Hangar gleiten.

Später erzählte Santos-Dumont: »Durch verwegenes Steuern konnte ich auf sensationelle Weise unbeschädigt hineingleiten — und zwar ohne jede Hilfe!« Allerdings hätte schon der leiseste Windstoß genügt, das Luftschiff auf den Damm, den Boulevard oder, worauf er selbst als »direkt Beteiligter« hinwies, auf eine der spitzen Ecken der Nachbargebäude krachen zu lassen.

Es mußte etwas geschehen. Der Fürst bot den Abriß der Ufermauer an, doch schließlich lehnte Santos-Dumont — immer höflich — ab und entschied sich für einen Landesteg am Meer.

Dies alles waren jedoch nur Vorboten der Schwierigkeiten, die noch kommen sollten. Hinaus aufs Mittelmeer zu fliegen erwies sich nämlich als ein weit weniger vergnügliches Unternehmen, als er erwartet hatte.

*Ein guter Ort, um ein bißchen aufs Mittelmeer
hinauszufliegen.*

Die frisch mit gelber Farbe lackierte Nr. 6, der viele eine Intelligenz zuschrieben, die man heutzutage Computern beimißt,
wurde vor neue, unbekannte Herausforderungen gestellt: häufi-
ge Regenfälle, schwierige Seewinde und die überschwengliche
Begeisterung des wohlmeinenden, aber unerfahrenen Fürsten Albert. Er folgte dem Luftschiff mit seiner Jacht »Princess Alice«.
Dabei ließ er eine gefährliche Rauch- und Funkenwolke nach
oben steigen, verhedderte sich im Leitseil der Nr. 6, wobei er seinen rechten Arm schwer verletzte, und das alles am selben Nach-
mittag.

Santos-Dumont erlebte zwar auch glückliche Stunden auf seinen Flügen entlang der Küste, die häufig von Jachten (von einer
winkte ihm einmal eine »anmutige weibliche Erscheinung« mit

einem roten Seidenschal zu) und Automobilen begleitet wurden, doch war das Unternehmen für ihn insgesamt eher eine Enttäuschung.

Einerseits war er froh, daß es hier keine Hindernisse wie die Dächer und Kamine von Paris gab. Andererseits vermißte er die Annehmlichkeiten der Stadt und die ständige Begleitung durch die Menschen, die ihn unterstützten und, wenn nötig, auch retteten (oder ihm Essen hinaufschickten).

Hier jedoch, wo er, solange er auf dem Erdboden war, von allen Seiten Hilfe angeboten bekam, führte er seine eigentlichen Versuche, nach den Worten eines Beobachters, oft »isoliert über dem unermeßlichen Meer« durch.

Viele wollten im Fall eines Unfalls »zur Stelle sein«, darunter auch James Gordon Bennett und der Fürst mit ihren Jachten sowie die Einheimischen Clarence Dinsmore mit einer 40 PS starken Mors und Isidore Kahenstein mit einer 30-PS-Panhard. Es war jedoch unmöglich, immer auf seiner Höhe zu sein. Zu oft wurde er von kräftigen Winden oder auch von seiner Eingebung weggeweht.

»Als Kapitän eines Luftschiffs sollte man sich nicht zu sehr auf solche Beschützer verlassen«, war sein etwas bekümmertes Fazit.

In Wirklichkeit war er einsam. Und er gestand es auch ein. »Die Einsamkeit, die ich bei diesem ersten ausgedehnten Flug entlang der Mittelmeerküste empfunden habe, war eigentlich nicht eingeplant«, schrieb er später.

Am Valentinstag wurde ihm die Entscheidung über sein Bleiben abgenommen. Die bildschöne Nr. 6 war schlecht aufgeblasen

Die Nr. 6 kurz vor dem Untergang, beobachtet vom Fürsten und anderen Rettern.

und bäumte sich auf. Dadurch verzogen sich die Leinen, gaben nach und verfingen sich im Propeller. Umgeben von einer kleinen Schiffsflotte sank das Luftschiff.

Wie ein echter Kapitän weigerte sich Santos-Dumont, sein Schiff zu verlassen, und suchte bis zum letzten Augenblick nach einer Möglichkeit, wie es an Land geschleppt werden könnte. Erst als ihm das Wasser bis zum Hals reichte, ließ er sich auf die »Princess Alice« emporziehen. Und selbst dann noch dirigierte er, tropfnaß, die Bergung der Überreste. Tausende von wehenden Taschentüchern am Ufer sowie sein Name, der mit weißen Steinen in den Sand geschrieben war, sollten ihm Mut machen.

An diesem Abend wurde abermals ein Bankett zu seinen Ehren gegeben. Auch ein Fonds für ein neues Luftschiff wurde gegründet, doch er entschied sich für die Rückkehr nach Paris. »Es ist einfach der beste Ort für Luftschiffe«, erklärte er.

Er packte die Überreste der Nr. 6 zusammen und machte sich mit seiner kleinen Karawane auf den Weg nach Hause.

Die Verarbeitung seiner monegassischen Erfahrungen führte zu verschiedenen Entscheidungen.

Er bereute nicht, das Angebot des Fürsten einigen anderen vorgezogen zu haben. Nach all den Belastungen im Zusammenhang mit dem Deutsch-Preis hatte er es genossen, sich mit seinem Luftschiff einfach zu »amüsieren«, Beobachtungen anzustellen, die nur ihm selbst von Nutzen waren, und niemandem etwas beweisen zu müssen. Er wollte auch keine Werbeslogans auf seinen Luftschiffen, wie dies von anderen in Großbritannien und in den USA entschlossen praktiziert wurde, obwohl er nichts gegen ein gelegentliches anerkennendes Wort zum Beispiel für einen Likör wie Bénédictine einzuwenden hatte.

Was den Absturz betraf: Zwar war die Schuld daran erst einmal Chapin und seinen Mechanikerkollegen gegeben worden, doch es war nicht allein ihr Fehler gewesen. Sie hatten einfach nicht genügend Platz gehabt, um die Nr. 6 vernünftig vorzubereiten, und der Übergang vom kühlen Hangar in die heiße Sonne hatte eine Ausdehnung der Gasfüllung bewirkt. Dennoch würde er seine Mechaniker umschulen müssen, bevor er mit neuen Versuchen begann. In der Zwischenzeit würde er sich, wie am Anfang, eigenhändig um die Luftschiffe kümmern.

Dann stellte er erstaunt fest, daß er auf dieser Reise »unbemerkt« so knapp wie noch nie einer Katastrophe entkommen war.

Es war am Tag seines erfolgreichsten Fluges gewesen. Der Fürst war vom Leitseil getroffen worden, während seine Jacht mit funkensprühendem Schornstein versuchte, Santos-Dumonts Luftschiff an Land zu schleppen.

»Jeder dieser rotglühenden, aufstiebenden Funken«, so erinnerte er sich, »hätte ein Loch in den Ballon brennen, den Wasserstoff entzünden und den Ballon und mich selbst in tausend Stücke reißen können.«

KAPITEL VI

Der Renner

»ICH BIN STOLZ DARAUF, DASS ICH
KEINE PATENTE BESITZE.«

B ei der Ankunft in Paris merkte er, daß seine Ballonfahrerkollegen während seiner Abwesenheit nicht untätig gewesen waren. Sie hatten seinen Erfolg nicht nur bejubelt, sondern auch als Ansporn verstanden und versucht, ihn zu übertreffen – wobei sie häufig seine eigenen Methoden anwendeten beziehungsweise mißbrauchten. Er war bekannt dafür, daß er niemals Patente anmeldete.

Es überraschte kaum, daß alte Kollegen wie Blériot und die Farman-Brüder, zwei junge Engländer, die in Frankreich aufgewachsen waren, intensiv an neuen Projekten arbeiteten. Doch sie waren bei weitem nicht mehr die einzigen.

Seine Eleganz und sein Mut hatten alles leichter aussehen lassen, als es eigentlich war, und die Luftfahrt hatte eine geradezu wahnsinnige Leidenschaft entfacht. Wilde Spekulationen über Ballonstraßenbahnen, Ballonpolizisten, ja sogar über einen Ballon-Grand-Prix mit VIPs in Ballonlogen als Zuschauer machten die Runde und wurden in Zei-

Der neue Hangar war zwar klein, doch er stellte ihn sich wie einen Großflughafen vor.

tungskarikaturen festgehalten. Santos-Dumont war daran nicht ganz
unschuldig, da er öffentlich von einem Flug um den Nordpol und von
großen Linienluftschiffen geträumt
hatte. (Sein Bruder Henrique hingegen erregte mit seinem Traum von
einem Tunnel unter dem Ärmelkanal
nicht die geringste Aufmerksamkeit.)

Zukünftig würden sogar Pendler in die Luft gehen.

Angesichts solch überspannter
Ideen war es unvermeidlich, daß sich
nun auch absolute Anfänger in die
Luft wagten, oft genug mit katastrophalem Ausgang.

Am meisten Aufsehen erregte der Unfall der »Pax«, die San-
tos-Dumonts Landsmann Augusto Severo gebaut hatte. Seine
Idee einer regelmäßigen Transatlantikverbindung für über 100
Passagiere kam auf gefährliche Weise zu früh.

Schon beim ersten Versuch schoß das viel zu leichte Luftschiff
hoch in den Himmel und verschwand aus dem Blickfeld, weil sein
Erbauer und der Mechaniker aus lauter Panik Ballast abwarfen,
anstatt Gas abzulassen. Dann explodierte es. Die Einzelteile, die
zur Erde fielen, wurden in kleine Stücke zerlegt und als Sou-
venirs an die entsetzte Menge ver-
kauft.

Ungeduldig erwartete man die ersten Transatlantikflüge im Luftschiff.

All dies rief bei Santos-Dumont
unangenehme Assoziationen hervor.
Severo war der zweite brasilianische

Sogar ein Luftschiff-Grand-Prix wurde vorausgesagt.

Ballonfahrer, dessen Leben abrupt beendet wurde – im Jahr 1709 war ein gewisser Lourenço de Gusmão, bekannt als der fliegende Priester, von der Inquisition wegen Zauberei hingerichtet worden. Außerdem stammte das Unglücksschiff aus der Werkstatt von Monsieur Lachambre, der auch seinen geliebten »Brasil« gebaut hatte.

Er warnte vor den Gefahren der Luftfahrt, wo immer er konnte, und versuchte, sich nicht allzu schuldig zu fühlen, wenn Gondeln vom Himmel fielen oder riesige weiße Elefanten sich keinen Millimeter vom Erdboden erhoben. Zudem hatte er mit dem alten Problem der früh Erfolgreichen zu kämpfen: Was soll ich als nächstes tun?

Er begann mit dem Bau eines weiteren Luftschiffs, der Nr. 7,

das er, obwohl er damit nie ein Rennen bestritt, den »Renner«
taufte – vielleicht ein unbewußter Reflex auf seine neue Situation.
Viel hatte er nicht davon. Voller Ironie beklagte er, daß sich niemand mit ihm messen wolle. In gewisser Weise schien ihm gerade sein Erfolg Steine in den Weg zu legen.

Allerdings erhielt er dadurch auch ständig neue Einladungen,
die er, ziellos wie er war, meist annahm.

Bei einem triumphalen Besuch in Brasilien wurde er als Held
bejubelt und erhielt ein Modell der Nr. 6 aus Gold und Diamanten überreicht.

Er kehrte nach England zurück (wo das Wetter keineswegs besser geworden war), beaufsichtigte den Nachbau der Nr. 6, der
im Kristallpalast ausgestellt werden sollte, besuchte seine Nich-
te und seinen Lieblingsneffen Jorge, die in Tavistock zur Schule
gingen, und forderte ein Mitglied des Savage Club zum Duell im
Ritz auf.

*Mit einem
21-schüssigen
Pistolensalut
über ihren
Köpfen
erschreckte der
»Kleine Santos«
die französische
Armee.*

Das Duell kam dann doch nicht zustande, und er lebte sein Leben weiter.

Am Jahrestag der Französischen Revolution beobachtete er die gesamte französische Armee aus der Luft und erschreckte den Präsidenten seines Gastlandes mit einem 21-schüssigen Pistolensalut aus seinem Luftschiff. Er erwog eine Expedition zum Nordpol, verwarf den Plan aber glücklicherweise. Dann ging er in die USA nach St. Louis, um die Organisatoren der Weltausstellung von 1904 bei der Planung von Luftschiffrennen zu beraten. Anschließend begegnete er in New York Thomas Edison und beriet sowohl Präsident Theodore Roosevelt als auch Admiral Dewey. Vielleicht befassen sich die USA deshalb bis heute mit der Entwicklung von Luftschiffen.

Wie überall waren auch in den USA die Begeisterung der Massen und das Presseecho phänomenal. Obwohl man bis dahin von den Brüdern Wright kaum etwas gehört hatte, fällt es schwer zu glauben, daß sie ihrerseits noch gar nichts von Santos-Dumont gehört haben sollten. Später bestritt man mit genau diesem Argument ihre Behauptung, schon 1903 geflogen zu sein.

Wenn sie tatsächlich damals schon geflogen wären, so hieß es, warum haben sie dann nicht am Wettbewerb der Weltausstellung von 1904 teilgenommen? Schließlich war er nicht nur überall bekanntgemacht worden und fand ganz in ihrer Nähe statt, sondern bot auch ein großes Preisgeld. Dazu kommt noch, daß sie später bis nach Frankreich reisten, wo sie ihre Erfindung der Regierung zum Kauf anboten. Santos-Dumont hingegen hatte für keine seiner Erfindungen Geld verlangt oder bekommen.

Doch all das lag noch in weiter Ferne. Im Moment jedenfalls hatte Santos-Dumont anderes im Kopf.

Mittlerweile hatten nicht nur die Draufgänger mit dem Ballonfahren begonnen. Auch große Firmen untersuchten neue Möglichkeiten des Fliegens und investierten enorme Summen darein.

Sogar sein ehemaliger Förderer Henri Deutsch de la Muerthe war nun ein Konkurrent. Er stiftete keine Preise mehr für andere, sondern hatte eine eigene Luftschifffirma, »Astra Airships«, gegründet und einen riesigen Hangar auf dem Gelände des Aero-Klubs, direkt gegenüber von Santos-Dumonts Halle, errichtet.

Mit dem stetig wachsenden kommerziellen Interesse wuchs auch das Interesse an dem militärischen Einsatz des Ballons.

Der Segler der Lüfte war ein Pionier der verschiedensten Fortbewegungsarten.

Verkehrsstau in der Luft und (links) Rückkehr aus der Oper
im Jahr 2000.

Der 21-schüssige Pistolensalut über der Truppenparade war natürlich nicht unbemerkt geblieben, und sowohl die Presse als auch der Kriegsminister machten sich Gedanken über weitere Möglichkeiten.

Auch das Luftschiff der beiden wohlhabenden Brüder Paul und Pierre Lebaudy, Inhaber einer Zuckerraffinerie, mit einem Kiel aus Stahlröhren hatte die Aufmerksamkeit des französischen Militärs erregt.

Graf von Zeppelin stand ebenfalls in den Startlöchern.

*Santos-Dumont war nicht der einzige, der sich
Ikarus zum Symbol wählte. Viele andere begeisterte
Flieger taten das auch.*

Die Tage der wagemutigen und begeisterten Amateure, der
Sportsmänner der Lüfte, waren gezählt.

Diese neue Entwicklung machte Santos-Dumont Sorge.

Er reagierte auf den verschärften und mit immer stärkeren Motoren ausgetragenen Wettbewerb mit einer Konzentration seiner
Bemühungen.

So zog er sich aus dem Intrigenspiel des Aero-Klubs zurück und baute in Neuilly, zwischen dem Bois de Boulogne und der Seine, einen neuen Hangar, den er dieses Mal »Luftschiffstation« nannte. Er war zwar nicht annähernd so groß wie der in Monaco und eigentlich nichts weiter als ein geräumiges, rotweiß gestreiftes Zelt, doch konnten darin sieben voll aufgepumpte Luftschiffe stehen. Er sah in ihm »die erste von vielen Luftschiffstationen, die die Zukunft um ihrer selbst willen hervorbringen muß«.

Diese Stationen stellte er sich wie Großflughäfen vor, mit Autos, um die Luftschiffe hin und her zu ziehen, Beobachtungstürmen, Telegraphen (»die mit entfernten Orten und vielleicht sogar mit fliegenden Luftschiffen sprechen können«), Werkstätten, Kraftwerken und »Schlafräumen für Forscher, die früh starten wollen, um die Stille der Morgendämmerung zu nutzen«. Er hat alles vorhergesehen – bis auf die zollfreien Einkaufsmöglichkeiten.

Angesichts des ständig wachsenden Militarismus blieb er jedoch gespalten.

Als Idealist hielt er an seiner ursprünglichen Vorstellung fest, daß Luftschiffe, da sie die Welt kleiner machen, ein Beitrag zum Frieden seien. Als Wissenschaftler konnte er seine Augen aber nicht vor den vielen militärischen Einsatzmöglichkeiten verschließen. Mit jeder neuen Entdeckung schien eine solche Entwicklung unausweichlicher zu werden. Bei seinen Flügen über dem Mittelmeer, wo er Winde aufgezeichnet, Versuche mit dem Leitseil durchgeführt hatte und anscheinend nur mit den *montagnes russes*, den unberechenbaren Luftströmungen in wechselnden

Höhen, beschäftigt gewesen war, hatte auch er immer wieder festgestellt, wie leicht man auf diese Weise ein U-Boot verfolgen könnte.

Doch vorerst schien die militärische Verwendbarkeit seiner Erfindungen noch in weiter Ferne zu liegen. Höflich wie er war, bot er seine Luftschiffe sogar der Regierung an, falls sie Bedarf hätte – unter der naiven Bedingung, daß sie niemals gegen Nord- oder Südamerika eingesetzt würden –, und beschäftigte sich nicht weiter mit der Problematik.

Ein Krieg schien im Moment sehr unwahrscheinlich.

Gefährdet war jedoch seine Vorherrschaft in der Luft.

KAPITEL VII

Der Spaziergänger
der Lüfte

I n den folgenden zwei Jahren war er sehr aktiv, obwohl diese Zeit, zur Erheiterung vieler und dennoch nicht ganz zu Unrecht, auch als »Phase der Ruhe« bezeichnet wurde. Er baute seine geliebte Nr. 9, »La Baladeuse« (»die Spaziergängerin«), seinen kleinen Flitzer. Wie andere heutzutage mit einem Sportwagen oder einem Cabrio machte er mit ihm Spritztouren über Land und fuhr häufig zum Mittagessen in sein Lieblingsrestaurant, »La Cascade«, am Rand des Bois de Boulogne.

Aus den Abstürzen auf schicke Hotels und abgeschiedene Residenzen waren sanfte Aufsetzer geworden. Man könnte sagen, er versuchte sich an Landungen.

Er gab sich nun nicht länger damit zufrieden, einfach die Champs-Élysées entlangzufliegen, sondern er ging beispielsweise direkt vor seinem Eckhaus in der Rue Washington nieder, wo sein Diener Charles Kaffee bereithielt.

Wie H. G. Wells war auch Santos-Dumont davon überzeugt, daß Ballons eines Tages ebenso selbstverständlich sein würden

*Santos-Dumont nutzte die Nr. 9 für »Luftspaziergänge«
und Lunch-Stops im »La Cascade«, einem seiner
Lieblingsrestaurants.*

wie Autos; daher plante er einen prächtig gestalteten Landeplatz vor seinem geschwungenen Erker.

»Ich dachte an die Zeit, die sicherlich kommen wird«, erinnerte er sich, »wenn die Besitzer wendiger kleiner Luftschiffe nicht mehr auf der Straße landen müssen, sondern ihre Führungsleinen vom Personal auf ihren eigenen Dachgärten festmachen lassen.«

Bei einer anderen Gelegenheit landete er, sehr zum Erstaunen eines Spaziergängers, der gerade eine Orangenlimonade mit Eis genießen wollte, auf der Terrasse eines Cafés an der Rue Bois de

Boulogne, stürzte einen Aperitif hinunter, entschuldigte sich und verschwand wieder.

Wie es der Zufall wollte, wurde derselbe Mann in den nächsten Tagen an verschiedenen anderen Orten leider ähnliche Weise überrascht – beim Autofahren, beim Spazierengehen und spätabends auf dem Nachhauseweg, nach etlichen Kostproben eines neuen amerikanischen Getränks – und beschwerte sich schließlich bei der Polizei.

Santos-Dumont hatte zwar einen gewissen Hang zur Angeberei und seine Freude daran, andere Leute in Erstaunen zu versetzen, richtete manchmal mehr Schaden als Nutzen an, aber immer bewahrte er sich eine untadelige Höflichkeit und einen

Er landete mit der Nr. 9 mitten in der Menge vor seinem Haus, wo sein Diener Charles Kaffee bereithielt.

Trotz seines Hangs zur Angeberei war er stets höflich.

Sinn für Anstand, auch Denkmälern gegenüber. Als er nun eines Tages am Triumphbogen vorbeikam, war er versucht, hindurchzufliegen. Wie er später bekannte, hielt er sich zurück, weil er sich dessen nicht »wert« fühlte.

Manchmal, wenn auch nie bei Tests, nahm er nur so zum Spaß einen außerplanmäßigen Passagier mit.

Am 26. Juni 1903 landete er inmitten eines Kinderfestes an der Bagatelle im Bois und fragte: »Gibt es vielleicht einen kleinen Jungen, der mitfliegen möchte?« Unter den vielen eifrigen Freiwilligen wählte er den aus, der ihm am nächsten stand, den Sohn eines US-amerikanischen Diplomaten.

»Hast du denn gar keine Angst?« fragte er den Siebenjährigen, als das Luftschiff an Höhe gewann. »Kein bißchen!« war die Antwort des tapferen kleinen Passagiers. Sein Kapitän freute sich darüber und meinte: »Aus dem Jungen wird bestimmt einmal ein Luftschiffkapitän, wenn er nur will.«

Der Junge jedoch, Clarkson Potter, wollte nicht. Statt dessen gründete er den amerikanischen Verlag, der bis heute seinen Namen trägt.

Ein kleines Mädchen zu fragen, ob es vielleicht mitfliegen wolle, wäre in jenen präfeministischen Tagen Ketzerei gewesen. Aber nur wenige Tage später äußerte ein großes und noch dazu »wunderschönes« Mädchen selbst diese ungewöhnliche Bitte.

Sie hieß Aida d'Acosta, stammte aus einer alten kubanischen Familie und war eine berühmte Schönheit der New Yorker High-Society. Nach etlichen Besuchen in seinem Hangar in Neuilly (ein Muß für *tout Paris*) gestand sie ihm ihren, wie er sich ausdrückte, »außergewöhnlichen Wunsch«.

Zuerst dachte er, sie wolle einfach nur mit ihm zusammen fliegen, und war tief beeindruckt von ihrem Mut. »Mademoiselle«, sagte er, »ich danke Ihnen für Ihr Vertrauen!« Als er aber merkte, daß sie das Luftschiff alleine besteigen wollte und darauf bestand, »völlig frei zu fliegen, so wie Sie«, da war er doch verblüfft.

Um so erstaunter war man, als er ihr, nach drei Unterrichtsstunden, die Erlaubnis dazu gab. Am 29. Juli 1903 machte er folgende Notiz, damit das Ereignis auf keinen Fall undokumentiert blieb: »Die erste Frau, die jemals, mit oder ohne Begleitung, ein Luftschiff bestiegen hat, kletterte allein hinein und lenkte die Nr. 9, ohne daß eine andere Person das Leitseil hielt, über eine Strecke von gut einer halben Meile (von Neuilly nach Bagatelle).« Dieses Ereignis hielt er sowohl für

Alles, was er unternahm, wurde von den Tageszeitungen begierig dokumentiert.

*Sie war eine berühmte kubanische Schönheit und der
einzige Mensch außer Santos-Dumont, der jemals eines seiner
Luftschiffe geflogen hat. Ihr Bild beherrschte noch
Jahre später seinen Schreibtisch.*

»denkwürdig in der Geschichte der Luftschiffahrt«, als auch »der
Bewahrung in den Annalen der Luftfahrt wert«.

Noch viel denkwürdiger aber war, daß dies das erste und einzige Mal war, daß jemand anders als Santos-Dumont selbst eines seiner Luftschiffe flog. Selbst seinen engsten Partnern oder erfahrenen Ballonfahrern war dies nie vergönnt.

»Ich glaube, einfach die Tatsache, daß ich zugestimmt habe, legt beredtes Zeugnis über mein Vertrauen in die Nr. 9 ab«, meinte er später. Allerdings beherrschte nicht etwa ein Foto der Nr. 9 noch Jahre später seinen Schreibtisch, sondern ein Bild der »unerschrockenen Navigatorin« selbst, angetan mit einem großen, flotten Hut.

Nicht alle seine Erlebnisse mit der stupsnasigen Nr. 9 waren so angenehm. Schließlich trat sogar der gefürchtete *retour de flamme* ein. Der Ballon schwebte gerade gemächlich über der Seine, als Funken aus dem Motor schlugen und ein Feuer entfachten. Aber nicht einmal das konnte seine Sympathie für das kleinste seiner Luftschiffe, das ihm immer eines der liebsten war, schmälern. »Ich löschte die Flammen sofort mit meinem Panamahut und flog ohne Zwischenfall weiter«, berichtete er.

»In meiner kleinen Nr. 9 erfreue ich mich am Bois, wenn ich mit ihr durch die kühle Luft der köstlichen Morgendämmerung fliege.« So schilderte er jene Tage.

Die Beschreibungen seiner Freude am Ballonfahren, in deren Mittelpunkt oft die Luft selbst steht, sind von sanfter Schönheit:

»Alles ist rein. Kein Geruch liegt in der Luft.«

»Der Ballon scheint in der Luft stillzustehen, während die Erde darunter hinwegfliegt.«

»Der Korb schaukelte sanft unter dem Ballon, der von der milden frischen Luft liebkost wurde.«

Er plante einen Landeplatz vor dem Fenster seines Hauses.

Als sich die allgemeine Aufregung um die Ballonfahrt etwas zu legen schien – vielleicht wurden es die Menschen leid, ständig Männer und Maschinen vom Himmel fallen zu sehen –, ließ auch sein Eifer nach.

Er baute noch einige andere Luftschiffe (aber natürlich niemals eine Nr. 8), doch schien er nicht mehr mit ganzem Herzen bei der Sache zu sein. So entstanden die Nr. 10, der Omnibus mit kleinen Passagierkörben; die Nr. 11, ein Gleiter, der bei der Erprobung von einem Motorboot gezogen wurde; die Nr. 12, ein Hubschrauber, für den sich aber kein Motor fand; und die Nr. 13, eine Art Himmelsjacht mit eigener Heizanlage, die bis zu einer Woche lang in der Luft hätte bleiben können. Sie alle kamen und gingen ohne große Aufregung.

Er schien sich in seiner Rolle als Spaziergänger der Lüfte, als Gastgeber von Lunchparties und als Autor von *Dans l'air* wohler zu fühlen. Das Buch, mit Füllfederhalter auf seinem Lieblingspapier geschrieben, wurde auf dem Höhepunkt seines frühen Ruhmes 1904 veröffentlicht und spiegelt seinen ganzen unbefangenen Charme wider. Im ersten Kapitel findet sich auch eine ebenso amüsante wie akkurate Beschreibung der Kaffeeherstellung.

»Die noch unreifen Beeren des Kaffeestrauches sind rot«, heißt es dort an einer Stelle, und er fügte hinzu: »Auch wenn die Aussage nicht einfacher wird: Sie sehen aus wie Kirschen.«

Auf manche mag er zu diesem Zeitpunkt ruhe- und orientierungslos gewirkt haben, doch so einfach war es nicht. Sein Ziel war nicht gewesen, berühmt zu werden, sondern zu fliegen. Das hatte er erreicht, und er war deshalb verdientermaßen zum Ritter der französischen Ehrenlegion geschlagen worden.

Vielleicht hatten die Begegnungen mit berühmten Zeitgenossen, die ihn als ihresgleichen behandelten, und der etwas übertriebene Empfang in

Irgendwann wollte er die Luftschiffe einfach hinter sich lassen.

*Das Lied wurde ihm zu
Ehren geschrieben, die Zeich-
nung ähnelte ihm
jedoch nicht.*

Brasilien – allnächtlich wurde dort unter seinem Fen-
ster ein Ständchen mit einem zu seinen Ehren kom-
ponierten Lied dargebracht
– in ihm ein Gefühl der Er-
füllung oder gar der Über-
sättigung hinterlassen.

Er hätte an diesem Punkt,
an dem auch sein Buch en-
det, aufhören und mit 31
Jahren auf ein erfolgreiches
Leben zurückblicken kön-
nen. Doch vielleicht war es,
ohne daß er selbst es merkte oder sich dessen bewußt
war, nur ein Innehalten,
während bereits eine neue Herausforderung heranreifte.

George Goursat jedenfalls, der ihn wahrscheinlich besser
kannte als sonst irgend jemand, berichtet, daß er eines Tages Santos-Dumont getroffen habe, als dieser mit »intensivem« Ge-
sichtsausdruck Wurfpfeile warf, die
wie Flugzeuge geformt waren.

Wie immer es auch gewesen sein
mag, auf jeden Fall traf er irgendwann die Entscheidung, sich nicht
mehr mit Luftschiffen zu befassen

*Obwohl er Wert auf
modisches Aussehen legte,
hat er nie eine beson-
dere Ballonfahrerklei-
dung entwickelt.*

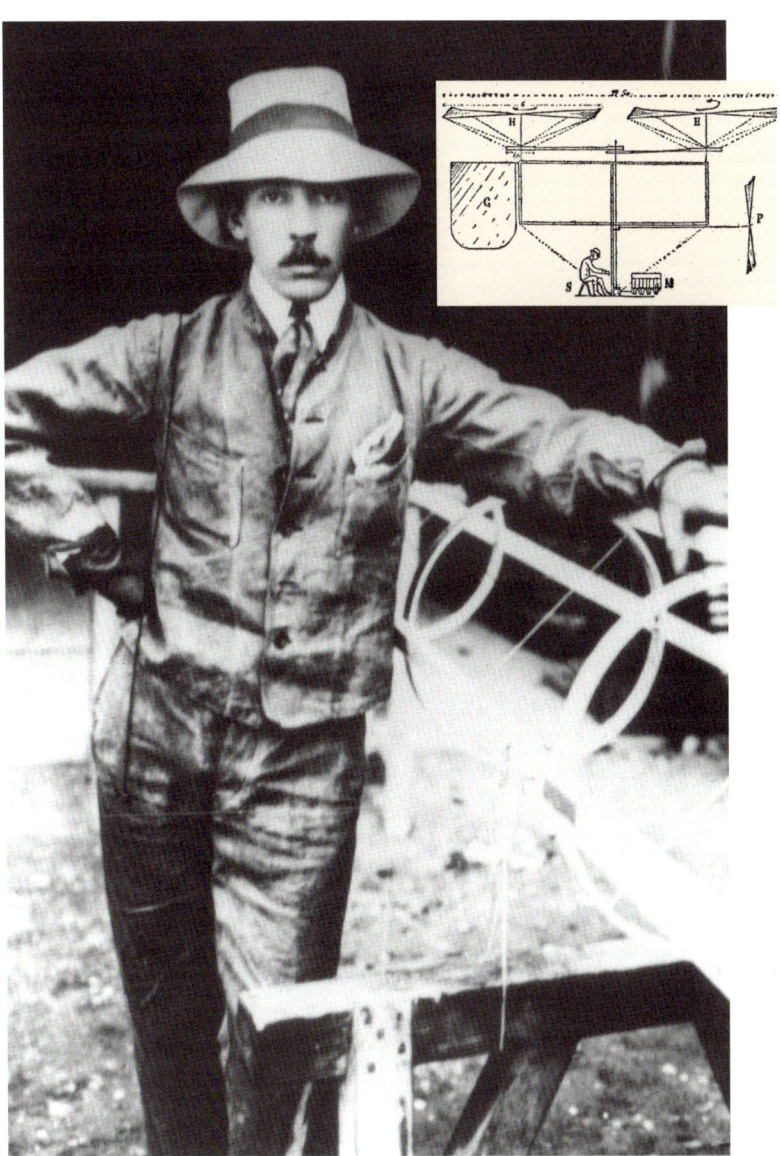

und sich statt dessen auf Apparate zu kon-
zentrieren, die schwerer waren als Luft.

Er wußte noch nicht, welche Bedeutung der kontrollierte Flug der Brüder
Wilbur und Orville Wright haben würde,
die sich mit ihrem »Flyer« in Kitty Hawk
im US-Bundesstaat North Carolina 59 Sekunden lang in der Luft gehalten hatten.

Und außer den fünf Zuschauern, die
meisten davon Mitglieder der Küstenwa-
che, die gerade in der Nähe waren, wußte
davon auch kaum jemand. Dem größten
Teil der Welt waren sie noch vollkommen
unbekannt.

Alles schien völlig offen.

*Oft kam im Parc de Bagatelle eine
Menschenmenge zusammen, um Zeuge
eines Flugversuches zu werden.*

AUS RESPEKT VOR ALBERTO SANTOS-DUMONTS
ABNEIGUNG GEGENÜBER DER ZAHL ACHT
GIBT ES KEIN KAPITEL VIII.

Ein monströser Zwitter

»VÖGEL
MACHEN ES GENAUSO.«

Im Jahr 1905 war Alberto Santos-Dumont endlich bereit, etwas Neues in Angriff zu nehmen. Er gehörte nun zu jenen Träumern, Mechanikern, Ballonfahrern und Geschäftsleuten, die davon überzeugt waren, daß die Zukunft der Luftfahrt bei Flugmaschinen lag, die schwerer waren als Luft – auch wenn sich diese Erkenntnis erst allmählich durchsetzte.

Sein Ruhm hatte hatte zwar keineswegs abgenommen, aber in den Köpfen der Menschen war er ein Ballonfahrer, ein Sportsmann der Lüfte, der, wie er am Schluß von *Dans l'air* schrieb, den »Lohn«

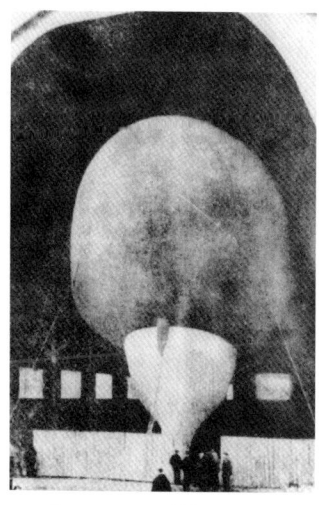

Trotz seiner Versuche mit Maschinen, die schwerer waren als Luft, fiel es ihm nicht leicht, seine Luftschiffe aufzugeben.

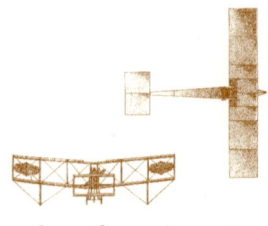

Eine Skizze der 14bis.

seines frühen Erfolgs genoß. Als er ein merkwürdiges, an einen Kastendrachen erinnerndes Gerät erprobte, das an einem Luftschiff hing und von einem Esel gezogen wurde, war man eher belustigt und nahm ihn nicht weiter ernst.

Würdevoll und entschlossen wie immer machte er weiter. Den Spott der Menge und die spitzen Bemerkungen seiner Freunde ignorierte er. Wenn der Schlüssel zum Fortschritt, wie er glaubte, wirklich in der Aerodynamik lag, dann wollte er auf diesem Weg vorangehen.

Seine gelben Luftschiffe mit den roten Spruchbändern im Schlepptau wurden nun immer seltener über den Dächern von Paris gesehen. Und nur noch gelegentlich erklang sein Startbefehl: »Alle Leinen los!« Er nahm mit Gabriel Voisin noch einen jungen Architekten mit in seine Mannschaft und gab sein gesellschaftliches Leben nahezu völlig auf. Statt die Abende im Maxim's zu verbringen, diskutierte und zeichnete er bis tief in die Nacht.

Sein alter Mechaniker Chapin blieb bis zum Schluß bei ihm.

*Karikaturisten zeichneten jetzt Flieger und Flugzeuge,
die auf unglückliche Fußgänger fielen.*

Es war Voisins erklärtes Ziel, »sein Leben der Luftfahrt zu widmen«, und er verfügte über Erfahrung. Er hatte schon für andere
Ballonfahrer Luftschiffe entworfen und sogar selbst gesteuert. Die

*Der merkwürdige, schachtelartige Apparat, der von
einem Esel gezogen wurde, erregte mehr
Erheiterung als Besorgnis.*

ersten Ergebnisse seiner Zusammenarbeit mit Santos-Dumont
waren jedoch wenig verheißungsvoll.

Seitdem er seinen Hangar nicht mehr auf dem Gelände des
Aero-Klubs hatte, stand Santos-Dumont nicht mehr unter der
ständigen Beobachtung seiner Kollegen. Ein kleines Häufchen
Neugieriger war aber dennoch immer zur Stelle, darunter auch
Reporter von James Gordon Bennetts *Herald Tribune*. Für sie waren die Versuche »ein Tohuwabohu aus gebrüllten Befehlen, dröh-
nendem Motor, umherhuschenden Handlangern und dem kleinen, in den höchsten Tönen kreischenden Erfinder«.

Mittlerweile waren schon viele Maschinen gebaut worden,
meist Gleiter mit eingebautem Verbrennungsmotor. Im Vergleich

mit ihnen räumte man Santos-Dumonts Apparat die geringsten Chancen auf einen erfolgreichen Start ein. Doch auch jene, die einen etwas vertrauenerweckenderen Eindruck machten, sahen nicht besonders vielversprechend aus.

Ein von Blériot in Auftrag gegebener Gleiter stürzte bei einem der ersten Versuche auf dramatische Weise in die Seine. Er hatte, wie Santos-Dumont feststellen mußte, zahlreiche Gemeinsamkeiten mit seiner Nr. 11: So wurde er zum Beispiel auch von einem Motorboot gezogen.

Weniger bekannte Pioniere machten es auch nicht viel besser. Also zeichneten die Karikaturisten keine Verkehrsstaus mehr und keine Straßenbahnstationen in der Luft, keine Atlantiküberquerungen und keine Luftschiffahrten ins Opernhaus, sondern Fußgänger, die unter geöffneten Schirmen kauerten und versuchten, abstürzenden Flugzeugen, Flugpionieren und anderen Trümmern zu entgehen.

Die plumpe Kombination aus Luftschiff und Kastendrachen wurde als »monströser Zwitter« abgetan.

*Der eigensinnige Santos-Dumont war überzeugt, daß sein merk-
würdiges neues Gefährt einmal die Lüfte erobern würde.*

Santos-Dumonts Apparat bestand aus einer Reihe von Kastendrachen, die von Streben aus Kiefernholz und Klaviersaiten zu-
sammengehalten wurden. Der Schwanz zeigte nach vorne, der
Propeller war hinten angebracht. Ähnlich wie mit der Nr. 6 in
Monaco lag das Problem nicht etwa in der Absturzgefahr, sondern darin, überhaupt in die Luft zu kommen.

Anfangs hängte er sein Fluggerät an ein Seil; als Zugtier diente ein Esel, der über einen Flaschenzug seine Arbeit verrichtete. Als das schiefging, befestigte er es unter einem Luftschiff, das extra für diesen Zweck gebaut worden war, der Nr. 14. Er wollte die Luftschiffe, bei denen er so viel über das Manövrieren mit Hilfe von Luftströmungen gelernt hatte, nur ungern aufgeben. »Vögel machen es genauso«, meinte er.

Allerdings schoß der aus Drachen bestehende Teil seines Apparates ständig vorwärts und ließ das Luftschiff hinter sich. Schließlich gab er seinen »monströsen Zwitter« auf.

Dafür baute er einen stärkeren Motor ein, nannte das Ergebnis

Eine aufgeregte Menge begleitete ihren Helden zum Parc de Bagatelle, wo er einst von Jungen, die Drachen steigen ließen, gerettet worden war.

14bis, also 14a, und fühlte sich nun in der Lage, den nächsten Schritt zu tun.

Natürlich war das ganze Unterfangen damals weitaus komplizierter, gefährlicher und weit weniger amüsant, als es im Rückblick wirkt – und mit deutlich weniger Renommee verbunden.

Kein Geringerer als der Herausgeber der *Times* hatte zu Beginn des Jahres geschrieben: »Alle Versuche der künstlichen Luftfahrt sind nicht nur gefährlich, sondern vom Standpunkt des Ingenieurs von vornherein zum Scheitern verurteilt.«

Und Sir Stanley Mosely meinte: »Es ist kompletter Unsinn zu glauben, daß Flugmaschinen jemals funktionieren werden.«

Mit der ihm eigenen Hartnäckigkeit, und einmal mehr angespornt durch einen Preis – beziehungsweise, in seinem Fall, durch zwei Preise –, ignorierte der »Kleine Santos« wie in der Vergangenheit alle Hindernisse und schritt auf seinem scheinbar unvernünftigen Weg voran.

KAPITEL X

Nichts war mehr wie zuvor

»DER 19. OKTOBER 1901 UND DER
12. NOVEMBER 1906 WAREN DIE GLÜCKLICHSTEN
TAGE MEINES LEBENS.«

S elbst seine engsten Freunde waren verblüfft, als er sich um
einen etwas inzestuös anmutenden Preis bewarb, den Archdeacon-Preis. Tatsächlich waren es sogar zwei Preise: Vom
Aero-Klub gab es 1500 Franc für den ersten Flug einer Flugma-

Startbereit und doch von äußerst merkwürdigem Aussehen.

schine über 100 Meter. Der neue Klubpräsident, ein wohlhabender Pariser Advokat namens Ernest Archdeacon, hatte dann für weniger Flugmeter mehr geboten und weitere 3000 Franc für einen 25-Meter-Flug ausgelobt.

Seine Freunde machten sich zwar keine großen Sorgen, aber niemand beging den Fehler, ihn zu unterschätzen, obwohl sein stark verändertes Fluggerät auch ohne das dazugehörige Luftschiff und den Esel noch ziemlich merkwürdig aussah. Die Konstruktionsweise mit dem Schwanz nach vorne erhielt später die Bezeichnung *canard*, das französische Wort für Ente. Es kann aber auch eine Zeitungsente oder, warum auch immer, ein in Kaffee getunktes Zuckerstück bezeichnen.

Links: Trotz der neu eingebauten Querruder scheint die Steuerung immer noch ein wenig problematisch zu sein.

Unten: Die Räder verlassen den Boden.

»Der erste Flug einer Maschine, die schwerer ist als Luft.
Mr. Santos-Dumont erringt den Archdeacon-Preis.«
The Illustrated London News

Die Preisrichter und die Offiziellen kamen zweimal in den Bois de Boulogne, wo Santos-Dumont einst von den mit ihren Drachen spielenden Jungen gerettet worden war.

Beim ersten Mal erhob sich die plumpe Kastendrachen-Verbindung auf Fahrradreifen nach zwei Anläufen zwar lange genug vom Boden, um großen Jubel ausbrechen zu lassen. Dann starb aber der Motor ab und der Apparat plumpste auf das nasse Gras zurück, wo die Preisrichter wegen der besseren Sicht gelegen hatten. Dabei ging ein Propeller zu Bruch. Das Fluggerät war nur wenige Meter weit gekommen, dennoch war dies ein solcher Fortschritt gegenüber den sonst üblichen Sturzflügen in die Seine, daß die Beifallsstürme lange andauerten.

Es war eine große Menschenmenge,
aber sie war nicht halb so groß
wie nachträglich gezeichnet. Autos,
tänzelnde Pferde und sogar
einige Bäume wurden der Szenerie
hinzugefügt.

962. M. SANTOS s'élevant avec son Aéroplane n° 14 bis
(220 mètres en 21 secondes, 12 Novembre 1906)
Surface 14 m. c, Moteur 50 HP. Poids total, aviateur compris, 300 Kgr J. H,

Santos-Dumont machte aus seiner Freude keinen Hehl. Jedem
erzählte er, daß nur noch etwas Feinarbeit am Längsruder not-
wendig sei und er danach einen neuen Versuch starten wolle. Einen Monat später – verzögert durch schlechtes Wetter und Arm-
verletzungen, die er sich bei einem Ballonrennen zugezogen hatte – war es dann soweit.

Am 22. Oktober 1906 um acht Uhr morgens kamen sie alle
wieder, einschließlich der Presse und der Fotografen. Da ihm eigentlich »die Stille der Morgendämmerung« zum Fliegen am
liebsten war, hätte Santos-Dumont sie alle gerne früher da gehabt, aber er nahm es gelassen hin. »Der Duellant mag zu dieser
heiligen Stunde nach seinen Freunden verlangen, nicht jedoch
der Luftschiffkapitän«, meinte er. Nach neun Anläufen, einigen
Hüpfern und einer Mittagspause kam dann der große Moment.

41. SPORTS - *Aviation* — " Santos-Dumont 14bis " (1906)   (E|D)

Um 16 Uhr erhob sich die 14bis vom Boden, beschrieb eine, so wurde berichtet, »anmutige Kurve« und landete wieder. Die Preisrichter waren darüber so aufgeregt, daß sie vergaßen, die exakte Entfernung zu messen. Es gab aber mehr als 1000 Augenzeugen, und alle waren sich einig, daß es etwa 60 Meter bei einer Höhe von zwei bis drei Metern gewesen sein mußten. Auch wenn es nicht die erhofften 100 Meter waren, wollte niemand daran herumkritteln. Die 25 hatte er jedenfalls weit übertroffen.

Und wieder dröhnten die Schlagzeilen: »Der Mensch hat die Luft erobert.« Und wieder war dieser Mensch Alberto Santos-Dumont. Die Welt spielte verrückt.

Drei Wochen später trat er erneut an.

Trotz der Feierlichkeiten und der Schmeicheleien war er mit den 60 Metern nicht zufrieden, da eigentlich 100 verlangt gewesen waren. Einige seiner Konkurrenten hatten deshalb auch vernehmlich gemurrt. Und die »anmutige Kurve« war tatsächlich dadurch entstanden, daß er die Kontrolle über die Seitensteuerung verloren hatte.

Am 1 2. November, zwei Tage nach einer Ehrung bei einem offiziellen Gedenkbankett des Aero-Klubs, rief er die Preisrichter noch einmal zusammen.

Doch zu seiner Überraschung fand sich noch jemand ein. Von vielen Menschen umringt stand eine weitere Maschine auf dem Feld: Louis Blériots riesiger Doppeldecker. Er hatte einen ähnlichen Motor wie die 1 4bis und war ebenfalls mit Hilfe von Gabriel Voisin entstanden. Falls er die 1 0 0 Meter schaffen sollte, würde er den Kombinationspreis erringen und damit auch den ganzen Ruhm ernten.

Santos-Dumont hatte immer gesagt, daß der Wert von Preisen hauptsächlich darin lag, daß sie der Luftfahrt Geltung verschaffen, und weniger in dem angebotenen Preisgeld, auf das er nicht angewiesen war und das er oft gar nicht für sich behielt.

In seiner legendären Höflichkeit bestand er darauf, dem ungebetenen Gast den Vortritt zu lassen, und setzte so die Chance aufs Spiel, seinen eigenen Rekord zu brechen. »Möchten Monsieur zuerst feuern?« fragte er und wartete tapfer, bis er an der Reihe war. Nach mehreren Anläufen war das Flugzeug des Herausforderers nur noch ein Wrack, ohne jemals vom Boden abgehoben zu haben.

Nun sprang er mit einem eleganten Satz in seinen Pilo-

Er schien nie ganz zufrieden mit seinen Leistungen.

tenkorb und stieg nach einigen Hüpfern in die Luft. Dort konnte er die Maschine 220 Meter weit im kontrollierten Geradeausflug halten. Das gelang ihm mit Hilfe sambaähnlicher Bewegungen, mit denen er Drähte steuerte, die am Rücken seines Jacketts festgenäht waren – die ersten Querruder der Welt. Bei der Landung gab es außer einem langsam einknickenden Rad keinerlei Schäden.

Nach einem Blick auf die nach ihm benannte Cartier-Uhr, die die erste im Handel erhältliche Armbanduhr werden und 72 Jahre später die Welt noch einmal an sein Kunststück erinnern sollte, wußte er, daß er es geschafft hatte. Der Flug hatte 21,2 Sekunden gedauert und alle Zweifel, auch seine eigenen, beseitigt.

Die Menge stürzte herbei, hob ihn wieder einmal aus der Gondel und trug ihn auf den Schultern davon. Und wer nahe genug an ihn herankam, küßte und umarmte ihn nach französischer Art.

Endlose Feierlichkeiten folgten, er erhielt die 4500 Franc, und nichts war mehr wie zuvor. Er hatte nicht nur seinen Traum verwirklicht, sondern auch die Menschheit auf eine Reise geschickt, die schließlich bis in den Weltraum führen sollte. Darüber hinaus hatte er ein freundlicheres Klima für seine Kollegen geschaffen, von seinen Pariser Konkurrenten, die die 14bis insgeheim als Monstrum bezeichnet hatten, bis hin zu den verrücktesten, ölverschmierten Traumtänzern. Und dazu zählten auch die Wrights.

Tatsächlich hatte er dafür gesorgt, daß man ihren Behauptungen Gehör schenkte. Es war zwar schon darüber gesprochen worden, aber auch im eigenen Land hatte man ihnen nicht geglaubt.

HIER STELLTE AM
12. NOVEMBER 1906
SANTOS-DUMONT UNTER DER
AUFSICHT DES AERO-KLUBS
FRANKREICH DEN ERSTEN
FLUGREKORD DER WELT AUF.
FLUGDAUER 21,2 SEKUNDEN,
ENTFERNUNG 220 METER.

Im Parc de Bagatelle wurde zur
Erinnerung an das Ereignis
ein Obelisk errichtet.

Sie hatten ihre Pläne sogar der US-Regierung zum Kauf angeboten. Die lehnte jedoch im Jahr 1905 ab, ebenso wie die renommierte Wissenschaftszeitschrift *Scientific American* im Jahr 1906.

Sie hatten Kitty Hawk verlassen und führten ihre Versuche nun auf einer Farm in Dayton, Ohio, durch. Der einzige Zuschauer war ihr Nachbar Amos Stauffer, der sie öfter beobachtete, wenn er bei der Maisernte war.

Er schien davon nicht besonders beeindruckt zu sein. »Na, die Jungs sind mal wieder dabei«, pflegte er dann zu seinem Tagelöh-

ner zu sagen, und dann »habe ich einfach weiter meinen Mais ge-
bündelt«. Und damit stand er nicht allein.

Ihr einziger Fürsprecher schien ein Reporter der Zeitschrift
Gleanings in Bee Culture, einem Bienenzüchterorgan, zu sein. Jede
andere Veröffentlichung, in Frankreich wie in den USA, machte
sich über die »schrulligen Hinterwäldler« lustig.

Es ist durchaus möglich, daß Santos-Dumont mittlerweile von
den Wrights gehört hatte. Aber er hatte keinen Grund zu der An-
nahme, daß sich durch sie sein Leben verändern würde oder daß
er selbst schon eine solche Veränderung in Gang gesetzt hatte.

Konkurrenzlos und gefeiert verlebte er einen herrlichen Winter. Zurück an seinem Tisch im Maxim's brachte er Bewunderern
und Fluganwärtern seine Theorien über Aerodynamik nahe. Zudem arbeitete er, der niemals zufrieden war, an der Verbesserung
der 14bis. Er war auf dem Höhepunkt seiner Karriere angelangt.

KAPITEL XI

Dinieren mit Louis Cartier

»ICH KANNTE MEINE GENAUE ZEIT NOCH NICHT.«

Nach Angaben des offiziellen Cartier-Archivs begegneten sich Louis-Joseph (er bevorzugte die einfache Anrede Louis) Cartier und Alberto Santos-Dumont im Jahr 1896 bei einer Abendgesellschaft von Baron Deutsch de la Muerthe.

Cartier, der Erbe des von seinem Großvater 1847 gegründeten Geschäftes und von dessen Vermögen, war, wie Santos-Dumont, weit mehr als nur ein dilettierender reicher Mann. Neben ihrem gemeinsamen Interesse am Motorsport, am Ballonfahren und an Abenden im Maxim's waren die beiden jungen Männer auch Perfektionisten, die sich edlem Handwerk und innovativem Design verschrieben hatten. Von Traditionalisten seiner Branche wurde Cartier auch als »Dandy mit revolutionären Ideen« bezeichnet.

Die beiden respektierten und unterstützten sich gegenseitig in ihrer Arbeit. Santos-Dumont bestellte bei Cartier Schmuck für sich und seine Freunde. Cartier kam zu den Starts von Santos-

Louis Cartier

Cartiers Atelier in der Rue de la Paix, in dem die ersten Modelle der Santos-Uhr verkauft wurden.

Dumonts Ballons und Luftschiffen und lobte dabei nicht nur ihre Genialität, sondern auch ihre handwerkliche Verarbeitung. Louis Cartier war mit seiner Bewunderung übrigens nicht der einzige: Die französischen Zollbehörden stuften eines seiner Werke als »feine Tischlerarbeit« ein – und erhoben entsprechende Gebühren.

Cartier selbst war zurückhaltend und mit einer schwierigen, später geschiedenen Ehe belastet und bewunderte, so heißt es in den Archiven, »die freie und lockere Art des reichen Brasilianers, der sein Leben ohne jede Rücksicht auf Konventionen führte«.

Sie trafen sich regelmäßig bei Motorrennen und anderen Sportereignissen und speisten oft gemeinsam im Maxim's oder bei einem der beiden zu Hause. Cartier setzte sich dann einfach mit an den erhöhten Tisch von »Le Petit Santos«, an dem sie der Diener Charles mit Hilfe einer kleinen Leiter bediente.

Zwar wurde die Maison Cartier schon damals als das führende Juweliergeschäft der Vornehmen, Berühmten und Mächtigen gefeiert, aber Louis Cartier war auf seinem Gebiet genauso auf der Suche nach neuen Ufern wie sein ballonfahrender Freund.

Die Fortschritte der Belle Époque sollten seiner Meinung nach auch beim Schmuck zu sehen sein. Auf der Weltausstellung entdeckte er im Russischen Pavillon ein Ausstellungsstück, das ihn überwältigte und zugleich ansporte: eine riesige Landkarte Frankreichs, komplett aus Marmor und mit Steinen von unschätzbarem Wert besetzt. Sie brachte zum Ausdruck, wie er seinen Beruf sah, nämlich »als Schöpfer von Kunstwerken aus wertvollen Materialien«.

Er hatte sich schon einige Zeit mit Armbanduhren beschäftigt. Vereinzelt hatte es sie seit den Zeiten der Tudors gegeben – der Rittmeister Elisabeths I. hatte ihr »eine kleine Uhr mit Armband« geschenkt. Sie waren aber eher eine Art Spielerei für Damen.

Im 17. Jahrhundert banden stillende Mütter ihre Uhren, die normalerweise an einer Halskette getragen wurden, mit einem Band am Handgelenk fest, damit ihre Babys nicht danach grapschten. Dann ging die Entwicklung Schritt für Schritt weiter. So befestigten die Damen bei besonderen Anlässen ihre Uhren mit Bändern, Perlen oder Halsketten am Handgelenk, die reicheren ließen sich von ihrem Juwelier ein individuelles Stück anfertigen. Kaiserin Joséphine beschenkte ihre Schwiegertochter, Prinzessin Amalie Auguste, mit einem solchen Kleinod. Cartier selbst hatte auch schon eine ganze Reihe davon entworfen, darunter Santos-Dumonts Geschenk an die Belle de Neuilly. Aber bisher hatte noch kein Mann eine Armbanduhr gebraucht.

Zwar waren die Soldaten des deutschen Freiwilligen-Corps im

Burenkrieg mit Armbanduhren ausgestattet, und schon sehr viel früher hatte der Philosoph, Mathematiker und Physiker Pascal alle mit einer Uhr am Handgelenk verblüfft. Doch hatte sich die Idee nie durchgesetzt. Die Männer blieben bei ihren Taschenuhren.

Cartier hatte gesehen, wie sehr sein Freund bei der Landung nach seinem großen Triumph mit der Nr. 6 durcheinander gewesen war, und gehört, wie er sich später am Abend im Maxim's über die Schwierigkeit der Zeitmessung in der Luft beklagt hatte. Da war er auf die Lösung gekommen. Dabei hat er mit Sicherheit nicht geahnt, daß diese erste Armbanduhr für Männer einmal die meistverkaufte (und meistgefälschte) Uhr der Welt werden sollte.

»Ein elegantes und zugleich das berühmteste Modell«, so die Archive. »Ursprünglich sollte es ein Einzelstück bleiben, eine Kreation im Namen der Freundschaft und weit von jedem Gedanken an den Krieg entfernt. Die Uhr erhielt den Namen ›Santos‹. Louis Cartier erschuf sie in der Belle Époque und besiegelte damit seine Freundschaft mit dem brasilianischen Flieger und Magnaten Alberto Santos-Dumont.«

Santos-Dumont selbst hätte eine solch überschwengliche Beschreibung zwar erstaunt, aber es gab keinen würdigeren Empfänger dieser Armbanduhr als ihn. Er hatte nicht nur den Anstoß zu ihrer Entstehung geliefert, sondern sorgte auch dafür, daß sie, wie vieles andere, was er trug, Mode wurde.

Da sie ein Geschenk war, taucht sie im Cartier-Register nicht auf. Daher ist ihr genaues Entstehungsdatum unbekannt, aber irgendwann zwischen Oktober 1901 und November 1906 – man

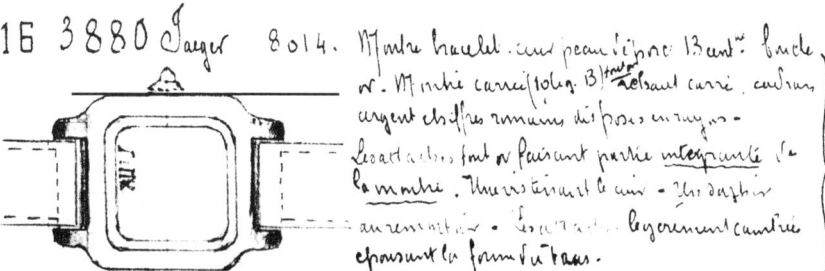

schätzt allgemein auf das Jahr 1904 – wurde die Uhr persönlich im Haus an der Rue Washington abgegeben, was eine große Ehre bedeutete.

Die Santos-Uhr hatte eine quadratische Form – im Gegensatz zu allen bisherigen Uhren, die immer rund gewesen waren –, römische Ziffern, zwei Zeiger, ein goldenes Gehäuse, ein Aufziehrädchen aus Saphir und ein einfaches kräftiges Lederband mit goldener Schnalle. (Ein Stück, das lange für das Original gehalten wurde, sich dann aber als Fälschung heraus-

Die ersten Modelle der Santos-Uhr (dieses von etwa 1912) hatten ein Lederarmband.

133

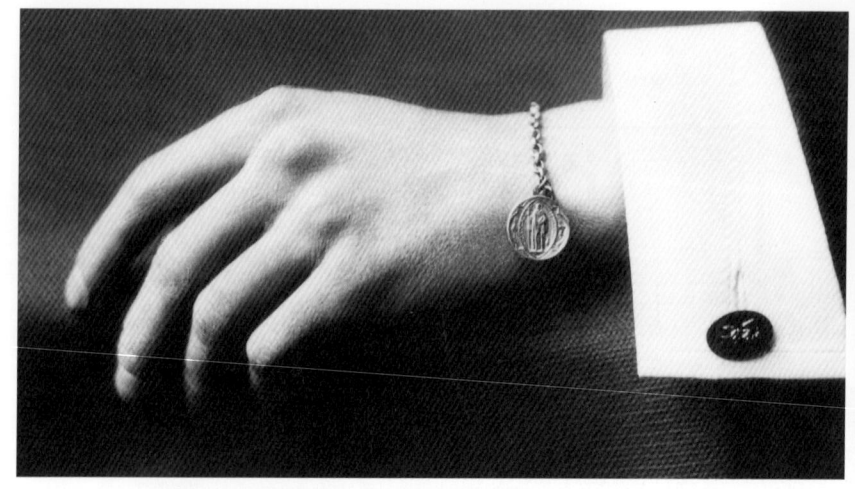

*Die einzigen Schmuckstücke, die er jemals trug, waren Cartier-
Manschettenknöpfe und das goldene Armband mit dem
St.-Benedikt-Amulett der Comtesse d'Eu.*

stellte, wurde später aus dem Luftfahrtmuseum in São Paulo ge-
stohlen.) Santos-Dumont hat sich über die Uhr zweifellos sehr
gefreut, denn er trug sie überall. Und so, wie auch im Fall des
Santos-Dumont-Kragens, wollten alle anderen auch eine haben.
Die ersten Modelle wurden 1911 im Atelier in der Rue de la Paix
privat erworben, 1913 erstand Graf Kinsky ein Exemplar aus Pla-
tin. Im Jahr 1915 wurde die Santos, die als »äußerst populär«
galt, für den regulären Handel produziert und blieb bis in die
zwanziger und dreißiger Jahre ein Bestseller. Dann verschwand
sie langsam von der Bildfläche.

Louis Cartier entwickelte viele Uhren für andere berühmte
Kunden, etwa ein Osterei für den Zaren und eine für ein Mitglied

der US-amerikanischen Unterhaltungstruppe »Dolly Sisters«; sie war in einen ausgehöhlten und geschliffenen 136 Karat schweren Smaragd eingebettet. Er baute ein riesiges Exemplar für den Maharadscha von Kapurthala und einige ganz kleine, die in Brieföffner, Manschettenknöpfe, Feuerzeuge, Drehhülsen für Lippenstifte und Goldmünzen paßten. Er baute Uhren mit Zifferblättern auf beiden Seiten und solche ohne Zeiger, die Sonnenuhren ähnelten, und zwar für die gesamte Prominenz, von König Faruk von Ägypten bis zum Prince of Wales. Aber keine andere Uhr war je so erfolgreich wie die »Santos«. 1978 wurde sie als »Santos Sport« mit goldenen Schrauben, einem Armband aus rostfreiem Stahl und einer selbstschließenden Schnalle neu aufgelegt. Es wurde ihr zweiter großer Erfolg. Und der Name Santos-Dumont, in Kreisen der professionellen Luftfahrt stets in Ehren gehalten, wurde wieder einer breiteren Öffentlichkeit bekannt.

Anzeigen und Werbebroschüren verwiesen auf »den bekannten Luftfahrtpionier« und seine »waghalsigen Heldentaten«, und bis heute vermittelt die Uhr, nach Aussagen vieler Besitzer, ein dynamisches Lebensgefühl (siehe Vorbemerkung der Autorin).

Es gibt sie heute in vielen verschiedenen Modellen, in Gold, mit Diamanten und auch für Damen. Sie gilt nicht nur als erfolgreichstes Cartier-Modell, sondern auch als Beispiel für modernes Design und ist im Musée de l'Air in Paris ausgestellt. So hat die Uhr, ursprünglich ein Ergebnis der Freundschaft zwischen Cartier und Santos-Dumont, sie beide überlebt.

KAPITEL XII

Schlangen im Paradies

»ES WAR, SO WÜRDE ICH HEUTE SAGEN,
ZIEMLICH SCHMERZLICH FÜR MICH ...«

Noch einmal flog Santos-Dumont die »14bis«, schaffte 200 Meter und rührte sie nicht mehr an. Sie hatte gezeigt, was sie konnte (und tat es erneut, als sie 1956 in Brasilien restauriert wurde). Bis zum Frühjahr hatte er fünf neue Maschinen entwickelt, darunter ein Sperrholzflugzeug (eine weitere Erstentwicklung), ein Wasserflugzeug, das er zwar zu Wasser ließ, mit dem er aber niemals geflogen ist, und eine letzte Verbindung aus Luftschiff und Flugzeug. Dann begann er mit der Arbeit an dem Flugzeug, das sein Lieblingswerk werden sollte, der leichten kleinen Demoiselle (ein Wort, das nicht nur junges Mädchen bedeutet, sondern auch »Libelle«). Sie bestand aus Bambus und der von ihm so geschätzten japanischen Seide (wobei er auf gelber Farbe bestand) und war schön und schnell. Sie bildete seinen krönenden Abschluß, der die elegante Leichtigkeit und die Einfachheit, nach der er so lange gesucht hatte, auf vollkommene Weise verkörperte. Zudem war sie nur acht Meter lang, so daß er sie hinten auf der Ladefläche seines Autos befördern konnte.

Während Männer in ganz Europa damit beschäftigt waren, ihn

Santos-Dumonts letzte und liebste Schöpfung, die Demoiselle (Libelle). Sie war das erste und eines der sichersten Leichtflugzeuge überhaupt.

zu übertrumpfen, verbrachte er einen wunderbaren Sommer, flog durch das Sonnenlicht und landete sanft auf den Anwesen von Freunden, genau rechtzeitig zum Mittagessen, das nun nicht mehr in einem Baum eingenommen werden mußte.

Scharen von Menschen versammelten sich, nur um die »Demoiselle« fliegen zu sehen, und Santos-Dumont, der wieder einmal der glückliche Sportsmann der Lüfte war, warf ihnen auch weiterhin als Gruß seine Krawatte zu.

Doch schon im Herbst begannen sich die Dinge zu wandeln. Es kamen Schlangen in das Paradies gekrochen.

*Die leichte
Demoiselle bestand
aus Bambus
und gelber
japanischer
Seide und war
nur acht Meter
lang.*

Santos-Dumont
nahm sein
kleines Flugzeug
gerne hinten
auf der
Ladefläche
seines Autos
mit.

Die stürmischen und unschuldigen Tage der Belle Époque waren ebenso vorbei wie die Anfänge der Luftfahrt, als Rivalität noch von einer Art Seelenverwandtschaft begleitet wurde.

Plötzlich schienen alle fliegen zu wollen. In Reims, im italienischen Brescia und im englischen Manchester wurden große Luftfahrtveranstaltungen abgehalten.

Der Konkurrenzkampf war brutal.

Viele seiner Kollegen kamen bei Unfällen ums Leben.

Andere wollten Patente auf seine Erfindungen anmelden, die er immer noch gratis an alle Interessenten weitergab. Eine Autofirma, die einige Ersatzteile für die Demoiselle angefertigt hatte,

Die Demoiselle war zwar zierlich, aber sicher. Nie ist jemand damit ums Leben gekommen.

Sie war anmutig, wendig und konnte auf jeder Wiese landen;
So machte sie ihrem Namen (»junges Mädchen«
oder »Libelle«) alle Ehre.

mußte gerichtlich daran gehindert werden, diese patentieren zu lassen. Glücklicherweise wurde die Demoiselle schon im darauffolgenden Jahr in vielen Ländern nachgebaut, darunter auch in Deutschland und Argentinien. Ihr Schöpfer hatte davon nichts außer einer tiefen Befriedigung.

Mittlerweile waren auch die ersten Vorzeichen des Weltkriegs nicht zu übersehen.

Und Wilbur Wright war nach Paris gekommen. Er wollte seinen Doppeldecker der französischen Armee verkaufen und begann im August in Le Mans mit ersten Flügen. Nachdem sich das herumgesprochen hatte, wuchs die Zahl der Zuschauer schnell. Sie waren verblüfft, wie leicht das Flugzeug zu beherrschen war.

Die Überlegenheit dieser Maschine gegenüber der »14bis« wurde allgemein anerkannt, doch niemand, auch nicht Santos-Dumont selbst, sah dadurch seinen Ruf gefährdet. Soweit wir wissen, ist er selbst auch nie hinausgefahren, um sie zu sehen.

Seine Leistung jedenfalls stand fest. Er war der erste gewesen und über ein Jahr lang konkurrenzlos geblieben. Daß andere Piloten – zuerst Farman und später, nach weiteren Abstürzen, auch Blériot, beide in Flugzeugen von Voisin – seither auch geflogen waren, spielte keine Rolle. Das war der normale Fortschritt.

Die Demoiselle war in vielen Ländern beliebt, auch in Deutschland und Argentinien.

Kurz nach dem Erfolg der Brüder Wright in Paris tauchte ein Flugzeug auf, das noch besser war als ihres. Das nahm Santos-Dumont zum Anlaß für folgende Klarstellung: Da der Konstrukteur Levavasseur viele Jahre lang daran gearbeitet hatte, hätte auch er behaupten können, daß sein Flugzeug tatsächlich das erste gewesen sei. Was hätten wohl Edison, Graham Bell oder Marconi gesagt, wenn jemand anders mit einer besseren Lampe,

Santos-Dumont (zweiter von rechts) mit Freunden bei einer der ersten Luftfahrtveranstaltungen.

einem besseren Telephon oder einem besseren Radio aufgetaucht wäre und behauptet hätte, die Erfindung schon vor ihnen gemacht zu haben?

»Wem also verdankt die Welt den Flug mit Maschinen, die schwerer sind als Luft? Etwa den Brüdern Wright, die nach eigenen Angaben aus ihren Versuchen ein großes Geheimnis gemacht haben und die so unbekannt waren, daß mein Flug ein ›unvergeßlicher Moment in der Geschichte der Luftfahrt‹ genannt wurde? Oder Farman, Blériot und mir, die wir unsere Demonstrationen am hellichten Tag vor den Augen einer wissenschaftlichen Kommission durchgeführt haben?«

Abgesehen davon mag zwar Wrights Flugzeug eine bessere Figur gemacht haben als Santos-Dumonts, Wright selbst jedoch mit Sicherheit nicht.

Sein Auftreten war steif, und er führte ein spartanisches Leben. Die Presse schilderte ihn als »erstaunlich phlegmatisch« und bescheinigte ihm einen Mangel an »élégance et l'esprit« – genau den Eigenschaften also, die die Pariser an ihrem »Kleinen Santos« so liebten.

Wilbur Wright mochte keine Hotels, schlief in eine Decke gehüllt unter der Tragfläche seines Flugzeugs, aß aus Blechtellern, wusch sich unter einem Schlauch und – wie es sich für einen ehemaligen Fahrradmechaniker gehörte – fuhr Fahrrad. Vielleicht verhinderte dieses »männliche« Gebaren kritische Nachfragen angesichts der Tatsache, daß man ihn, wie Santos-Dumont, nur selten in Gesellschaft von Frauen antraf.

Außerdem hatte er die irritierende Angewohnheit, beim Überprüfen der Maschine vor dem Start vor sich hin zu pfeifen. Er redete nur stockend (was man aber auch auf seine mangelhaften Sprachkenntnisse zurückführen kann), und wenn er etwas sagte, dann klang das nur gestelzt und dümmlich.

»Meine Herren, ich werde jetzt fliegen«, war sein Standardsatz vor dem Start. Und auf den Vorwurf, daß dies ein bißchen zu knapp sei, war die Erwiderung ebenfalls sonderbar unbefriedigend. »Die einzigen Vögel, die viel reden, sind die Papageien, und die fliegen nicht besonders hoch«, meinte er mürrisch. Die Äußerung war zudem noch falsch, wie Alberto Santos-Dumont ihm hätte sagen können. In Brasilien ziehen Papageien hoch und schillernd am Himmel ihre Bahn.

Die launische Presse zeichnete nun Santos-Dumont und Wilbur Wright als Duellanten.

Es gab jedoch noch einen wichtigeren Unterschied zwischen dem hochgewachsenen, nüchternen Amerikaner und dem kleinen, redegewandten Brasilianer. Der erstere war als selbsternannter »Geschäftsmann« gekommen, der eifersüchtig über seine Patente wachte und der verkaufen wollte. Und sein Preis war hoch: 200 000 Dollar.

Aber er konnte fliegen, und die Menschen strömten hinaus nach Le Mans, um ihm dabei zuzusehen.

Die öffentliche Meinung beginnt sich zu ändern – langsam zwar, aber stetig.

Wilbur Wright wurde der neue Mann des Tages, und je bekannter er wurde, desto überzeugender waren seine Argumente.

*Sein alter Kollege Louis Blériot
(links) glaubte immer an ihn.*

Wenn er der Beste war, so sahen es immer mehr Menschen, warum sollte er nicht auch der erste gewesen sein? In jenen Tagen erschien eine Karikatur, die Wilbur Wright und Alberto Santos-Dumont als Kämpfer bei einer Art Ritterspiel zeigte.

Die einen fragten, warum die Wrights ihren Erfolg nicht sofort bekanntgegeben hatten, wenn sie als erste geflogen waren?

Die anderen nahmen den hohen Entwicklungsstand ihres Flugzeugs als Beweis dafür, daß sie als erste geflogen sein mußten.

Viele führende Köpfe der Luftfahrt, vor allem andere Piloten, zollten Santos-Dumont nach wie vor höchsten Respekt. Blériot, der seine Niederlage mit Fassung getragen hatte, schrieb: »Für uns Luftfahrer ist dein Name leuchtendes Vorbild. Du bist unser Wegbereiter.«

George Besançon, der Direktor des Aero-Klubs, war sich sicher: »Wenn wir Pariser uns an die Menschenmassen erinnern, die im Parc de Bagatelle zusammenkamen, um die ersten Versuche Santos-Dumonts zu beobachten, dann wird uns immer unverständlich bleiben, daß nur fünf Personen den phantastischen Erfolg der Wrights gesehen haben sollen.«

Die öffentliche Meinung jedoch begann sich den Wright-Brüdern zuzuwenden. Das lag an der hervorragenden Qualität ihres

Flugzeugs und vor allem an der Presse, deren Schlagzeilen sich von »Flieger der Lügner?« zu »Entscheidender Sieg für die Luftfahrt!« gewandelt hatten.

Zwar kam der erhoffte Handel der Wrights mit der französischen Regierung nicht zustande und bis zur offiziellen Aberkennung von Santos-Dumonts Rekordflug sollte noch einige Zeit vergehen. Dennoch – er war zwar nicht gestürzt, wohl aber in den Schatten gestellt worden.

Als Gentleman hielt er sich aus dem ganzen Theater heraus. Nach seinem Tod Jahre später fand man in einer verschlossenen Schublade jedoch folgende Notiz von ihm: »Es war, so möchte ich heute sagen, ziemlich schmerzlich für mich, nach all der Arbeit, die ich in Luftschiffe und Flugmaschinen gesteckt habe, die Undankbarkeit jener zu spüren, die mich vor einigen Jahren noch mit Huldigungen überschüttet hatten.«

Seine Anhänger aber hielten an ihm fest. Bis heute glauben viele, daß sein Rekordflug Gültigkeit hat. Das Smithsonian-Institut in Washington weigerte sich aus Mangel an Beweisen lange Zeit, das Flugzeug der Brüder Wright auszustellen (20 Jahre lang stand es im British Science Museum). Als das Smithsonian schließlich doch einwilligte, mußten die Verantwortlichen versprechen, nie-

Man begann, die Luftfahrt in romantischen Bildern zu zeichnen.

mals einen anderen Anwärter anzuerkennen. Zu guter Letzt wurde der Anspruch der Wrights allgemein akzeptiert.

Die Sachlage ist sicherlich komplex. Die Hauptzweifel an der Gültigkeit des Flugs von Kitty Hawk aus dem Jahr 1903 liegen darin, daß er nicht richtig bezeugt ist, daß er hätte gemeldet werden müssen und daß er unter Umständen nur mit einem Hilfsmittel zustande gekommen ist – die Wrights hatten eine Art Startrampe benutzt, die vielfach auch mit einem Katapult verwechselt wurde.

Wir werden nie erfahren, ob Santos-Dumont nach dem ersten Schock zum Gegenangriff übergegangen wäre und seinen Platz in der Geschichte irgendwie behauptet hätte, denn er war ganz plötzlich einer weitaus gefährlicheren Attacke ausgesetzt.

KAPITEL XIII

Ein letzter Schlag

»SO VIELE LEBEN WURDEN GEOPFERT ...!«

Er hatte sich schon eine ganze Zeitlang müde und nervös gefühlt, was sich durchaus auch auf die starke psychische Belastung zu jener Zeit hätte zurückführen lassen, aber als sich auch Schwindelgefühle und Sehstörungen einstellten, konsultierte er einen Arzt. Die abschließende Diagnose lautete: multiple Sklerose.

Er war 36 Jahre alt.

Der Rest seines Lebens war ein einziger Abstieg. Er reiste zwischen Frankreich und Brasilien hin und her, empfing Ehrungen und Preise und mußte, als die Krankheit schlimmer wurde, immer öfter ins Sanatorium.

Konsequent, stolz und im vollen Bewußtsein seines bevorstehenden Verfalls löste er sein Appartement und seine Luftschiffstation auf, schickte seinen treuen Mechaniker Chapin in den Ruhestand und schickte seinen Diener Charles mit einer Nachricht an seine Freunde zum brasilianischen Botschafter.

Jahrelang verleugnete er seine Krankheit, wahrscheinlich, um Mitleidsbekundungen aus dem Weg zu gehen, und beharrte darauf, daß er sich freiwillig zurückgezogen habe. Die Krankheit, die

*Die Königin
von Rumänien begegnet
dem kühnen Sports-
mann der Lüfte.*

oft von schweren Depressionen begleitet wird, war aber mit Sicherheit ein bedeutender Faktor bei dieser und weiteren überstürzten Entscheidungen, mit denen er sich immer mehr abschottete.

Zunächst zog sich Santos-Dumont an die Küste der Normandie zurück und mietete ein kleines Haus, La Boîte, bei Deauville. Voller Wehmut, da er nie wieder fliegen würde, beschäftigte er sich nun mit Astronomie. Nach einer Weile empfing er auch gelegentlich Besucher, vor allem George Goursat und seinen Neffen Jorge. Aber er vertraute sich niemandem an und verlor sich tagsüber in der Meteorologie und nachts in den Sternen.

In Paris war der Flugpionier keineswegs vergessen. Er wurde von der Ehrenlegion zum Großoffizier ernannt. Zudem wurden etliche Denkmäler zur Erinnerung an seine Leistungen errichtet, darunter auch eines mit einer Statue seines Idols Ikarus.

Sogar sein alter Mechaniker Chapin erhielt eine besondere Auszeichnung, die »Palme d'officier de l'Académie«, die normalerwei-

*Santos-Dumont neben
seiner Gedenkstatue in
St-Cloud.*

Place et Monument SANTOS-DUMONT. — Saint-Cloud.

se Schriftstellern, Künstlern und Wissenschaftlern vorbehalten war.

Das Interesse der Presse an Alberto Santos-Dumont war seit Wilbur Wrights Abreise wieder aufgelebt. So konnte man regelmäßig Artikel über seinen »vorübergehenden« Rückzug lesen, die seine baldige Rückkehr mit einer aufsehenerregenden neuen Erfindung prophezeiten. Er schenkte jedoch weder ihnen noch den sich mehrenden Anzeichen für den bevorstehenden Krieg große Beachtung.

Daher war sein Erstaunen groß, als er von Einheimischen der Spionage bezichtigt wurde. Sie wußten von ihm nicht mehr, als daß er ein Ausländer mit einem deutschen Teleskop auf dem Dach war, der ständig aufs Meer hinausblickte. Man nahm an, daß er, der der französischen Regierung großzügig seine gesamte Luftflotte angeboten hatte, U-Boot-Signale aussandte und ließ sein Haus von der Polizei durchsuchen.

Seine Krankheit verhinderte weitere Arbeiten. Er gab sein Appartement auf und flog nie wieder.

153

Er entwarf ein »bezauberndes« Haus, La Encantada, und konstruierte Hilfsvorrichtungen für seine zunehmende Unbeweglichkeit.

Der Irrtum wurde zwar rasch bemerkt und es folgten offizielle Entschuldigungen, aber Santos-Dumont reagierte sehr heftig. Verbittert und todunglücklich verbrannte er seine Papiere und vernichtete damit Notizen, Briefe, Entwürfe, ja selbst ein Tagebuch, alles, was die Erinnerung an ihn hätte wachhalten können. Dann kehrte er nach Brasilien zurück und verbrachte dort, zumeist in verzweifelter Stimmung, die Kriegsjahre.

Er wurde zunehmend labiler. Der alte, nie gelöste Zwiespalt machte sich wieder bemerkbar, und er gab sich selbst die Schuld an den Bomben, die von Zeppelinen, Luftschiffen und Flugzeugen abgeworfen wurden.

Es gehört zum typischen Verlauf der Krankheit, die damals natürlich noch weniger erforscht war als heute, daß die Symptome von Zeit zu Zeit nachlassen. So konnte er ab und zu sein kleines Boot, die »Tico-Tico« (»Spatz«), besteigen und auf einem Hügel oberhalb von Rio de Janeiro ein Haus und ein neues Observatorium bauen. Er nannte es »La Encantada«, »Die Bezaubernde«, und stattete es wegen seiner zunehmenden Unbeweglichkeit mit allerlei hilfreichen Vorrichtungen aus, darunter auch eine Treppe mit halber Stufenhöhe, die er selbst entwickelt hatte. Außerdem schrieb er ein weiteres Buch: *O que eu vi, O que nos veremos* (»Wo waren wir, wo gehen wir hin?«), ein deprimiertes und verwirrtes Werk, das nichts von dem fröhlichen Überschwang seines Erstlings *Dans l'air* hat.

Aber er war noch immer hoch geachtet und erhielt eine Einladung nach Washington, wo er eine wenn auch etwas weitschweifige Rede vor dem Kongreß hielt. Außerdem wurde er erster Präsident der neugegründeten Pan American Aeronautical Foundation und war bei ihrer Konferenz in Chile Delegierter der USA.

Diese Tage gehörten zu den letzten erfreulichen in seinem Leben. Als er nach dem Krieg stark gealtert und mit stetig schlechter werdender Gesund-

Die vielleicht letzte Schöpfung Santos-Dumonts, ein individueller Motorantrieb für Skiläufer.

heit nach Frankreich zurückkehrte, fand er auch dort keinen Frieden, nicht einmal in Paris. Er zog von einem Land ins nächste. In England verbrachte er 1922 einige Zeit im Haus eines Freundes in Bath. Dort bemerkte ein gewisser H. Jephcott-Tanburn, Mitglied des Order of the British Empire, ein mit Drähten an der Decke aufgehängtes Modell eines Vorläufers der 14bis.

Santos-Dumont sagte, das Modell habe über 20 Jahre lang immer hier gehangen, nahm es ab und machte es seinem Gesprächspartner zum Geschenk. Trotz seiner Krankheit hatte er seinen Spaß daran, andere zu verblüffen.

Mr. Jephcott-Tanburn seinerseits schenkte es dem Royal Air Force Club, wo es weitere 25 Jahre lang blieb (und von einigen ungenannten Mitgliedern beim Spielen beschädigt wurde), bevor man es ins Naturwissenschaftliche Museum brachte. Danach erwarb der Flugzeughersteller Vickers-Armstrong das Modell, um es 1957 anläßlich der Feiern zum 50. Jahrestag des Fluges dem brasilianischen Luftfahrtministerium zu überreichen. Trotz solcher kleiner Reminiszenzen an die alten Zeiten wurde Santos-Dumont schließlich zu ruhelos, um an einem festen Wohnort zu leben, und ging, da er keine Familie hatte, die ihn hätte aufnehmen können, in ein Schweizer Sanatorium.

Nach etwa einem Jahr erhielt Santos-Dumont eine Einladung des Aero-Klubs. Er sollte den Vorsitz über das Festbankett zu Ehren des US-amerikanischen Fliegers Charles Lindbergh übernehmen, der soeben den Atlantik überquert hatte. Als er unter Tränen absagte, da er zu krank sei, zitterte seine Hand so sehr, daß seine einstmals stolze und klare Unterschrift nur noch ein kraftloses Gekritzel war.

Sein fortschreitender Verfall wurde durch das Scheitern seiner wenigen Versuche, sein früheres Leben weiterzuführen, nur noch schlimmer. Seine an den Völkerbund gerichtete Bittschrift zur Ächtung des Luftkrieges wurde nicht beachtet, und seine vorletzte Erfindung – motorgetriebene Schwingen, bestehend aus Schwanenfedern und Draht – basierte auf einer Idee, die er einst als unsinnig verworfen hatte. Er erholte sich jedoch so weit, um das Ding zu verschrotten und mit dem Motor etwas anzutreiben, was dem »Kleinen Santos« eher entsprach. Heraus kam ein Apparat, der müden Skifahrern die Hänge hinaufhelfen sollte – der Skilift mußte erst noch erfunden werden – und der in St. Moritz durchaus Beachtung fand.

Mit der Zeit fühlte er sich für jeden Flugzeugabsturz persönlich verantwortlich, so daß man Zeitungen und Zeitschriften von ihm fernhalten mußte.

Schließlich war er so krank, daß Jorge ihn nach Brasilien zurückbrachte. Dort hielt das Schicksal einen weiteren schweren Schlag für ihn bereit.

Da man ihn schon mit jeder möglichen Ehrung ausgezeichnet, seinen Namen auf Banknoten und Münzen gedruckt und sein Geburtshaus restauriert hatte, wollte die Regierung ihn zum Mitglied der Literaturakademie machen.

Ein je zur Hälfte aus Literaten und Fliegern bestehendes Empfangskomitee erwartete sein Schiff, das am 3. Dezember 1928 in die Bucht von Guanabara einlief.

Nach dem Unfall suchte der verstörte Santos-Dumont Trost
im herrlichen Copacabana Palace Hotel.

Ein speziell für diesen Anlaß in »Santos-Dumont« umbenann-
tes Wasserflugzeug mit den Spitzen der brasilianischen Intelligenz
an Bord flog dem Schiff entgegen, um einen Fallschirmspringer
mit einer Willkommensbotschaft abzusetzen. Statt dessen jedoch
mußte Santos-Dumont vom Deck aus mit ansehen, wie das Flugzeug explodierte und ins Meer stürzte. Alle Insassen waren tot.
Für ihn war es das Schlimmste, was überhaupt hätte passieren
können, der absolute Inbegriff seiner immer wiederkehrenden
Horrorvorstellung.

»So viele Leben wurden für mich Armseligen geopfert«, wie-
derholte er pausenlos.

Er bestand darauf, bei der Bergung der Leichen zu helfen, so gut es eben ging, nahm an jeder Beerdigung teil und schloß sich dann im neueröffneten Copacabana Palace Hotel ein. Dort ist seine Unterschrift mit Datum vom 29. Dezember 1928 im Goldenen Buch bewahrt, direkt über der von John Galsworthy, dem Literaturnobelpreisträger von 1932.

Dann zog er sich in sein bezauberndes Haus über der Stadt zurück. Doch der Zauber war verflogen, und er begann erneut umherzuziehen. Als seine lichten Momente schließlich immer seltener wurden und er sich immer schlechter unter Kontrolle hatte, ließ er sich am großen breiten Strand von Guarujá in der Obhut des treuen Jorge nieder, den er einst in Tavistock besucht hatte.

Er verbrachte einige friedliche Tage damit, den am Ufer spielenden Kindern zuzuschauen und, wenn es ihm besser ging, sogar selbst ein bißchen spazierenzugehen.

Im Goldenen Buch des Copacabana Palace ist seine Unterschrift bis heute zu sehen.

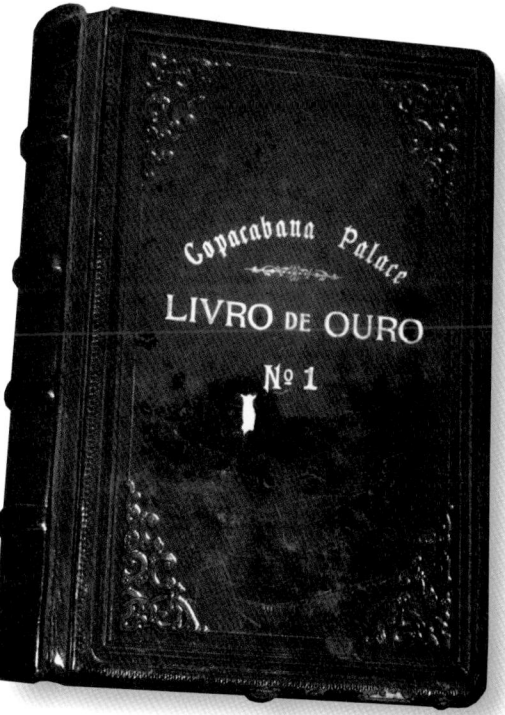

Neben seiner Unterschrift, direkt über der von John Galsworthy, wird auch sein Foto öffentlich gezeigt, zusammen mit Bildern von John Wayne, Nelson Mandela, Brigitte Bardot und Prinz Charles.

Stolz war er auf den friedlichen Einsatz der großen Luftschiffe. Und als die »Graf Zeppelin«, mit gebratenen Gänsen und Schlafkabinen an Bord, von Deutschland nach Brasilien flog, da wurde ein Traum für ihn wahr. Bei der etwas zurückhaltenden Äquatortaufe besprühte man die wohlhabenden und prominenten Passagiere – »die Damen mit etwas Eau de Cologne, die Herren mit Sodawasser«. Doch was für ihn die katastrophale Auswirkung seines Lebenswerkes war, verfolgte ihn noch bis hierher.

In Brasilien brach ein Bürgerkrieg aus. Freunde wurden gefangengenommen oder verbannt. Seine eigenen Landsleute brachten einander mit Waffen um, die er geschaffen hatte. Noch einmal erhob er seine Stimme und rief zum Frieden auf; noch einmal verhallte sie ungehört.

KAPITEL XIV

Der Morgen des 23. Juli

Am Morgen des 23. Juli 1932, drei Tage nach seinem 59. Geburtstag und zwei Wochen nach dem Ausbruch der Kämpfe, beobachtete er Flugzeuge, die im Tiefflug über den breiten schönen Strand glitten, dann hörte er Bomben explodieren.

Von Melancholie überwältigt und von der Krankheit zermürbt, verzweifelte er daran, daß seine Erfindungen so schrecklich mißbraucht wurden. Er verlor endgültig den Verstand.

Früher hatte er der jubelnden Menge seine Krawatten zugeworfen. Nun nahm er eine, ging ins Badezimmer, schwang sie mit zitternden Händen um seinen Hals sowie über einen Haken und erhängte sich.

Es gab ein Staatsbegräbnis – als Todesursache wurde Herzversagen angegeben –, und die Welt trauerte. Sogar der Bürgerkrieg ruhte zwei Tage lang (tatsächlich hatten die Anführer sogar einen dreitägigen Waffenstillstand versprochen). Begra-

Sein Denkmal am Flughafen von Rio de Janeiro.

ben wurde er in Rio de Janeiro unter einer Ikarusstatue. Er hinterließ kein großes Vermögen. Das meiste hatte er für seine Erfindungen ausgegeben, und er hatte, nachdem er sie der Menschheit großzügig zugänglich gemacht hatte, nur wenig zurückbekommen.

Daß er der Vergessenheit anheimfiel, rührte zum Teil gerade von seiner Großmut her. Auch wenn es damals, als er mit Ehrungen überhäuft wurde, niemand für möglich gehalten hätte: Ohne Patente, Helfer, Kinder und Dokumente verblaßte die Erinnerung an ihn mehr und mehr.

»Als Vermächtnis ließ er uns nichts als seinen Namen, eingegraben in unsere Herzen«, schrieb Gabriel Voisin – aber in beiden Punkten lag er falsch.

» Wer ihn kannte, konnte nicht anders als ihn lieben.«
Gabriel Voisin

KAPITEL XV

Menschen können fliegen

»ALLE LEINEN LOS!«

Sein Name war kein dauerhaftes Vermächtnis. Er geriet langsam in Vergessenheit und war nur in die Herzen einiger Ballonenthusiasten eingegraben – und in die brasilianischen. Dort ist er bis heute ein Nationalheld. Bis 1978, als Cartier die Uhr neu auflegte und damit auch einen Teil seines Ansehens wiedererweckte, begegnete man seinem Namen nur in ein paar staubigen Archiven und auf einigen Statuen und Straßenschildern rund um den Globus.

Doch war sein Name nicht sein einziges Vermächtnis. Er hinterließ auch seine Leistungen, die bis zum heutigen Tag erhalten geblieben sind.

Er schaffte als erster einen kontrollierten motorgetriebenen Flug und zeigte damit, daß der Mensch fliegen kann. In diesem Sinn war er wirklich der Eroberer der Lüfte, der Vater der Luftfahrt, wie man ihn oft genannt hat.

Er baute auch das erste Leichtflugzeug, das zugleich eines der sichersten war. Nie ist jemand mit einer Demoiselle ums Leben gekommen.

Und was seine anderen Bestleistungen betrifft: Er machte auf

Die Demoiselle auf einer zeit-
genössischen Postkarte.

jeden Fall den weltweit ersten öffentlichen und offiziell beaufsichtigten Flug mit Zeitmessung in einer Flugmaschine, die schwerer als Luft war, und bewältigte mit der Demoiselle auch den ersten Überlandflug.

Alle Maschinen für diese Höchstleistungen hat er selbst entwickelt und gebaut. Er führte Experimente durch, unter anderem auch mit Rädern, Gyroskopen und Querrudern, die, mit oder ohne Patente, die gesamte weitere Entwicklung der Luftfahrt beeinflußt haben.

Obwohl die Betonung seiner Eleganz manchmal den Blick auf die Größe seiner Leistungen verstellt hat, war und ist er mit Sicherheit ebenso bedeutend wie Lindbergh, die Astronauten und seine eigenen Idole der Frühzeit und bedeutsamer als viele, deren Namen den seinen überlebt haben.

Ob er nun tatsächlich den ersten Flug aller Zeiten in einer Flugmaschine, die schwerer als Luft war, vollbracht hat, ist in gewisser Hinsicht unwichtig. Jahrelang war die ganze Welt jedenfalls fest davon überzeugt und ließ sich von seinem Geist inspirieren. Und vielleicht ist es das, was ihm am Ende – und zum Ende des Jahrtausends – niemand mehr nachmachen wird.

Indem er Spott überhörte und das Unmögliche machbar er-

scheinen ließ, ermutigte er auch andere zum Griff nach den Sternen. Wo immer ein Mensch fliegt, da fliegt der Geist von Alberto
Santos-Dumont mit.

Die Luftschiffe

»BRASIL« **1898**
Kugelförmiger Freiballon; Volumen: 113 m³

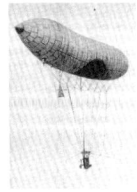

NR. 1 . . . . **1898**
Längliches Pralluftschiff, Petroleummotor (gefertigt aus Motorradteilen) und Propeller waren am Passagierkorb befestigt, Richtungsänderungen in Querrichtung mit Hilfe von Rudern, in Längsrichtung durch verschiebbare Gewichte. Länge: 25 m
Der Ballon fiel wegen einer unzulänglichen Luftpumpe in sich zusammen.

NR. 2 . . . . **1898**
Pralluftschiff, ähnlicher Motor und gleiche Steuerung wie Nr. 1.
Durch kalten Regen zog sich das Wasserstoffgas zusammen, und der Ballon stürzte in eine Baumgruppe.

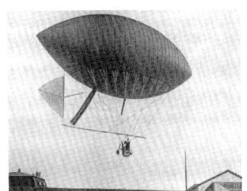

NR. 3 . . . . **1899**
Halbstarr, ähnlicher Motor und umfangreiche Ausstattung, gleiche Steuerung. Länge: 20 m
Erfolgreich, verlor aber beim letzten Flug das Ruder.

NR. 4 . . . . **1900**

Halbstarr, neuer Motor, gleiche Steuerung, Wasserballast; Motor, Tanks und der Fahrradsattel für den Piloten befanden sich auf einer Längsstange. Länge: 29 m

Nicht sehr erfolgreich. Die spinnwebartig angebrachten Taue wirkten sich negativ auf die Form aus.

NR. 5 . . . . **1901**

Halbstarr, luftgekühlter Buchet-Motor auf Daimler-Benz-Basis, Verspannung aus Klaviersaiten, Kiel aus Eisenträgern. Länge: 34 m

Stürzte in den Garten der Rothschilds und auf das Trocadero-Hotel.

NR. 6 . . . . **1901**

Halbstarr, wassergekühlter Buchet/Santos-Dumont-Motor, gleiche Ausstattung wie Nr. 5. Länge: 33 m

Errang den Deutsch-Preis für einen kontrollierten Flug um den Eiffelturm in 30 Minuten. Stürzte später in Monaco ab und mußte neu gebaut werden.

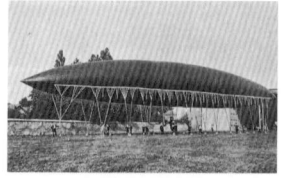

NR. 7 »RENNER« **1902–1904**

Halbstarr; Clément-Motor, Bug- und Heckpropeller. Länge: 40 m

Nahm nie an einem Rennen teil.

NR. 8 . . . . **ES GAB KEINE NR. 8**

NR. 9 »LA BALADEUSE«
(»DIE SPAZIERGÄNGERIN«) 1903
Halbstarr, Clément-Motor. Länge: 11 m
Diente ihm zu vergnüglichen Spritztouren; hatte
über der Seine Fehlzündungen (retour de flamme –
der Zwischenfall mit dem Panamahut).

NR. 10 DER OMNIBUS 1904
Halbstarr, Motor und Steuerung wie Nr. 7, vier
kleine Körbe konnten bis zu zehn Passagiere
befördern. Länge: 42 m
Wurde nur getestet.

NR. 11 1905
Gleitflugzeug, das von einem Boot gezogen
wurde; nach Überarbeitung als Flugzeug mit
Doppelpropeller konzipiert.
Erhielt nie einen Motor.

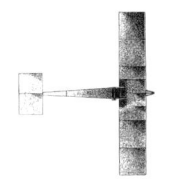

NR. 12 . . . . 1905/06
Helikoptermodell
Kein passender Motor, ist daher nie geflogen.

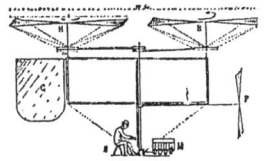

NR. 13 1905
Halbstarres Luftschiff mit eigener Heißlufter-
zeugung
Nie geflogen

NR. 14 . . . . **1905**

Halbstarr, Clément-Motor, diente zum Anheben einer Flugmaschine, die schwerer war als Luft.

Als »monströser Zwitter« verworfen, fand sie nur noch als einfaches Luftschiff Verwendung.

NR. 14bis **1905/06**

Doppeldecker vom Typ *canard,* Levavasseur/ Antoinette-Motor, Steuerung mit Hilfe eines Bug-Kastendrachens, später als modifiziertes Modell mit eingebauten Querrudern. Tragfläche: 42 m²

Gewann den Archdeacon-Preis für den ersten Flug mit einer Maschine, die schwerer war als Luft.

NR. 15 . . . . **1906/07**

Doppeldecker aus Sperrholz, Antoinette-Motor

Ging beim ersten Test zu Bruch, ist nie geflogen, wurde nie wieder gebaut.

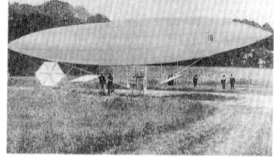

NR. 16 . . . . **1907**

Halbstarres Luftschiff mit Flügeln, Antoinette-Motor, sollte eine Kombination aus Luftschiff (leichter als Luft) und Flugmaschine (schwerer als Luft) sein.

Vor dem Flug am Boden zerstört

NR. 17 . . . . **1907**

Doppeldecker

Nur entworfen, nie gebaut

NR. 18 . . . . **1907**

Flügelloses Wasserflugzeug, Antoinette-Motor

Zu Wasser gelassen, aber nie geflogen

NR. 19 . . . . **1907**

Eindecker, von Santos-Dumont modifizierter
Dutheil/Chalmers-Motor, Bambus und Seide,
Prototyp für die Demoiselle

Wurde bei ersten Tests auf dem Wasser beschädigt.

NR. 20 DEMOISELLE (LIBELLE) **1907**

Modifikation der Nr. 19. Länge: 8 m

Ein Genuß, Santos-Dumonts Liebling, erstes Leicht-
flugzeug

NR. 21 DEMOISELLE **1909**

Antoinette- oder Darracq-Motor

NR. 22 DEMOISELLE **1909**

Bayard-Motor

173

Zeittafel

1873 Alberto Santos-Dumont wird am 20. Juli in Brasilien geboren.
Tod Napoleons III.
In England findet das erste Tennisspiel auf Rasen statt.
Abschaffung der Sklavenmärkte auf Sansibar

1891 Santos-Dumont zieht nach Paris.
Gauguin geht nach Tahiti.
In der Zeitschrift *The Strand* werden Sherlock Holmes' Abenteuer veröffentlicht.
Erfindung des Reißverschlusses

1896 Santos-Dumont begegnet Louis Cartier.
Stiftung des Nobelpreises
In Kanada beginnt der Klondike-Goldrausch.
Entdeckung des Pithecanthropus, des Javamenschen

1898 Santos-Dumont schafft einen Petroleummotor auf einen Baum und konstruiert den »Brasil« und die Nr. 1.
Geburt von Ernest Hemingway und Bertolt Brecht
Eröffnung der Pariser Métro

1899 Edward Elgar erntet Anerkennung für seine Enigma-Variationen

1900 Eröffnung der Weltausstellung in Paris
Veröffentlichung von Sigmund Freuds *Die Traumdeutung*

1901 Santos-Dumont erringt am 19./23. Oktober mit der Nr. 6
den Deutsch-Preis.
Rasputin gewinnt immer mehr Einfluß am Hof von Zar
Nikolaus II.
Geburt Marlene Dietrichs
Entdeckung des Adrenalins
Ragtime auf dem Höhepunkt seiner Beliebtheit

1903 Santos-Dumont baut die Nr. 9 (»La Baladeuse«).
Henry Ford gründet die Ford Motor Company.
Entwicklung des Elektrokardiographen
Richard Steiff stellt seinen ersten Teddybären her.

1904 Die erste Santos-Uhr (?)
Charles Rolls begegnet Henry Royce.

1905 Einstein formuliert die Relativitätstheorie.

1906 Santos-Dumont fliegt am 23. Oktober mit der 14bis; am
12. November erringt er den Archdeacon-Preis.
San Francisco wird von einem großen Erdbeben erschüttert.

1907 Santos-Dumont baut die Demoiselle.
Pawlow startet seine Versuche über konditionierte Reflexe.
In London gibt es die ersten Motortaxis.
Baden-Powell gründet die Pfadfinderbewegung.

1908 Wilbur Wrights erster Flug in Frankreich (Le Mans)
Veröffentlichung von Kenneth Grahames *The Wind in the Willows*
(dt. Titel: *Der Wind in den Weiden*)

1910   Santos-Dumont erkrankt.

Der Tango erobert Europa und die USA.

1911   Die Santos-Uhr kommt in den Handel.

In London werden 100 Grad Fahrenheit (37,8 Grad Celsius) gemessen.

1922   Santos-Dumont wohnt bei Bath in England.

Gandhi wird wegen Verschwörung eingesperrt.

F. Scott Fitzgerald schreibt *The Beautiful and the Damned* (dt. Titel: *Die Schönen und Verdammten*).

1928   Das Wasserflugzeug »Santos-Dumont« stürzt in Brasilien in eine Bucht (3. Dezember).

Walt Disney erschafft Mickey Mouse.

1932   Santos-Dumont erhängt sich am 23. Juli.

Hitler unterliegt von Hindenburg bei der Wahl zum Reichspräsidenten.

Fertigstellung der Lambeth Bridge, Baubeginn an der Golden Gate Bridge

Alexander Calder stellt die ersten Mobiles aus.

Zuidersee in Ijsselmeer umbenannt

1978   Die Santos-Uhr wird neu aufgelegt.

In ganz Südamerika feiert man den 23. Oktober alljährlich als »Tag der Luftfahrt«.

Glossar

AERONAUT Ursprüngliche Bezeichnung für alle Flieger, wurde hauptsächlich auf Ballonfahrer angewandt

AEROSTAT Alte Bezeichnung für Ballon. Ein aerostatischer Auftrieb kommt mit Hilfe aufsteigender Gase zustande, ein dynamischer dagegen durch schnelle Bewegung durch die Luft.

»ALLE LEINEN LOS« Aufforderung an die Bodencrew, alle Leinen loszulassen

BALLAST Normalerweise Sand oder Wasser, manchmal auch Bleischrot. Wird abgeworfen, um einen Ballon oder ein Luftschiff leichter zu machen.

BALLON Ein Fluggerät, das sich durch aerostatischen Auftrieb in die Luft erhebt. Das Gas ist von einer möglichst leichten Hülle umgeben.

DOPPELDECKER Flugzeug mit zwei Paar übereinander angeordneten Flügeln

EINDECKER Flugzeug mit einer rechten und linken Tragfläche

FÜHRUNGSLEINE (LEITSEIL) Seile, mit deren Hilfe sich Ballons oder Luftschiffe vom Boden aus manövrieren lassen

GAS ABLASSEN Damit erreicht man ein Absinken des Ballons.

GONDEL Korb oder Kabine unter einem Ballon oder einem Luftschiff zur Aufnahme von Personen oder Lasten

GYROSKOP Gerät mit innenliegendem, rotierendem Kreisel zum Nachweis oder zur Anzeige von Drehbewegungen

HALBSTARRES LUFTSCHIFF Pralluftschiff mit fester Kielkonstruktion, an der Gondeln und Motoren aufgehängt werden

HEISSLUFTBALLON Ursprüngliche Form des Ballons. Seit den 60er Jahren durch die Verwendung neuer Textilfasern und starker Propangasbrenner wieder in Mode gekommen

KIEL Wie bei einem Schiff die stabilisierende Konstruktion an der Unterseite eines halbstarren oder starren Luftschiffs; manchmal etwas unterhalb des Rumpfes aufgehängt

LEICHTER ALS LUFT Fluggeräte, die sich durch den aerostatischen Auftrieb von Gasen in die Luft erheben

LENKBARER BALLON Ältere Bezeichnung für Luftschiff

LUFTSCHIFF Ein Fluggerät, das leichter ist als Luft und über Antrieb und Steuerung verfügt: synonymer Begriff: lenkbarer Ballon. Es gibt drei Haupttypen: Prall-, halbstarres und Starrluftschiff

PRALLUFTSCHIFF Luftschiff ohne inneres

Gerippe, das seine Form nur durch den inneren Überdruck des Füllgases erhält. Heutige Beispiele: sog. Blimps

QUERRUDER Bewegliche, zur Steuerung um die Längsachse dienende Klappen an den hinteren Kanten der Flugzeugtragflächen

SCHWERER ALS LUFT Bezeichnet ein Luftfahrzeug, das durch den aerodynamischen Auftrieb der schnell durch die Luft bewegten Flügel getragen wird.

STARRLUFTSCHIFF Luftschiff mit starrem Gerippe aus Aluminium- oder Holzträgern, das den Ballon oder die Gaszellen umgibt

VERBRENNUNGS-MOTOR Benzin- oder Dieselmotor. Die erste Energiequelle, die für den Luftschiffbau leicht genug war

WASSERFLUGZEUG Flugzeug mit Schwimmern oder einem schwimmfähigen Rumpf für Wasserlandungen (Schwimmerflugzeug bzw. Flugboot)

WASSERSTOFF Gas, das leichter ist als Luft. Einfach herzustellen, aber äußerst explosiv, wenn es mit Luft in Berührung kommt (Knallgas). Die moderne Alternative Helium ist sehr teuer.

ZEPPELIN Starrluftschiff. Der Begriff wird in erster Linie für die Luftschiffe der Firma Luftschiffbau Zeppelin GmbH, Friedrichshafen, verwendet.

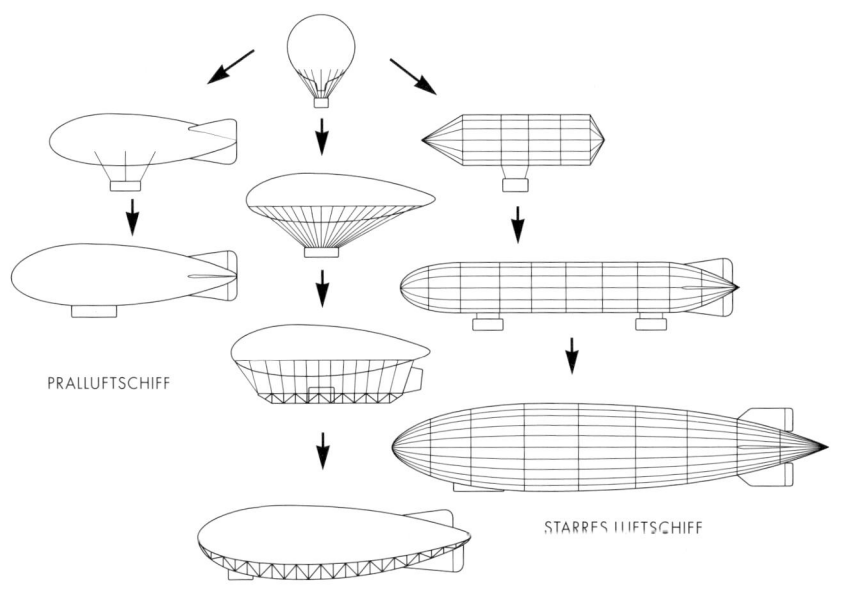

PRALLUFTSCHIFF

HALBSTARRES

STARRES LUFTSCHIFF

Bibliographie

Aimé, Emmanuel »La Navigation Aérienne au XXe Siècle«, in: *Revue Ampère*. November 1901

Anon. »Santos-Dumont The Conquerer of the Air«, in: *Brazil Today*. 1954

Botting, Douglas *The Giant Airships*. (Time-Life Books) Virginia 1980

Dollfus, Charles, und Bouché, Henri *Histoire de l'Aéronautique*. Paris 1942

Gautier, Gilbert *Cartier: The Legend*. London

Gibbs-Smith, C. H. *A History of Flying*. London 1953

Napoleão, Aluizio *Santos-Dumont and the Conquest of the Air*. Rio de Janeiro 1945

Santos-Dumont, Alberto »The Sensations and Emotions of Aerial Navigation«, in: *Pall Mall Magazine*. 1904

Santos-Dumont, Alberto *Dans l'air*. Ins Englische übertragen von Peter Smith: *My Airships* New York 1973

Souza, Marcio *O Brasileiro Voador*. Rio de Janeiro 1986

Villares, Henrique *Santos-Dumont. The Father of Aviation*. São Paulo 1956

Vreeland, Diana, *D.V.* New York 1997

Wohl, Robert *A Passion for Wings* New Haven 1994

Wykeham, Peter *Santos-Dumont. A Study in Obsession* New York 1962

Danksagung

Mein herzlicher Dank für die vielfältige und tatkräftige Starthilfe bei diesem Buch gilt: Bill San Filippo, Buddy Bombard, Tucano, Roberto Maksoud, Maryann Bowen, Mark Barty-King, Mike Shaw, Teresa Buxton, Denis Bellesort, dem Mann auf Stelzen, Penny Phillips, Alan Noble, Alan Parker, Bonham's, John Christopher, Robin Batchelor, Peter Mossman, Ali Gunn, Thom Carver, Jonathan Thornton, Venita Paul, Dr. Shirley Sherwood, Claudia Fialho, Lionel Lambourne, Rotisserie Jules, Roy Williams, Graca Fish, Keith Patrick, Terry Davidson, Léon Siegler und der Mannschaft von »Away all Ropes«, besonders Polly Naper, Jocasta Brownlee, Helena Drakakis, Noni Ware, Suzie Yuan, Steve Blackburn und Catherine White. Zu danken habe ich auch dem Science Museum, der Royal Aeronautical Society, dem Aeronautical Museum Iribuera Park, dem Luftfahrtministerium, dem Museum der Royal Air Force und Cartier.

Bildnachweis

Aeronautica: 103 *oben*, 137; Pierre Cardin: 51 *oben*; Cartier: 51, 52, 85, 133, 134, 135, 142; *Copacabana Picture Book:* 159, 160; *Dans l'air:* 21, 35, 37 *oben*, 60, 68, 74, 75, 77, 79, 96, 97, 98; Dumont-Villares, *Santos Dumont 1898–1910:* 20 *oben und unten*, 37 *unten*, 39, 103 *unten*, 112; Hulton Getty: 62/63, 83, 161; *Illustrated London News:* 32, 33; F. H. La Costa: 64, 102, 150, 154; *A Passion for Wings:* 50, 66/67, 92, 111, 121 *unten*; *Revue Ampère:* 54, 71, 104, 109, 110, 138 *oben*, 152/153, 155; Royal Aeronautical Society: 46, 57, 70; Judy Rudoe, *Cartier 1900–1939:* 129, 130; Science and Society Picture Library: 23 *kleines Bild*, 31, 40, 42, 48, 84, 86, 90 *unten*, 117, 118, 120, 139 *oben*, 145, 146, 147; *A Study in Obsession:* 28, 34, 55, 87, 89, 100, 105, 113, 115, 119 *unten*, 151; TRH: 61, 69, 105, 121 *oben*, 122, 139, 141, 143; Liebig/Bridgeman Picture Library: 42 *kleines Bild*; Roger Viollet: 36, 58/59, 106, 125, 140.

Wir haben alles unternommen, um die Rechteinhaber der Abbildungen ausfindig zu machen. Sollten uns dabei Fehler oder Irrtümer unterlaufen sein, werden wir diese in den folgenden Auflagen korrigieren, sofern wir eine entsprechende Nachricht erhalten.